신의 지혜 신의 존재

하나님의 존재 확인

신의 지혜
신의 존재

하나님의 존재 확인

정순혁 지음

humili✝as
후밀리타스

차례

7장.

믿음의 모든 유익
(거룩한 삶과 영원한 생명)

부록.

故 이병철 회장의 24개 질문과 그 답

˙서문

현대인은 대부분 신(神)에 관심이 없습니다. '신이 있는지 없는지, 하나인지 여럿인지, 창조주인지 아닌지' 등의 관심이 없습니다. 서울 사람이 아마존 날씨에 관심이 없는 것처럼 말입니다. 신의 존재 유무는 증명이 불가능하다고 천년 전에 이미 결론이 났습니다. 그리고 현대의 시대정신은 신이라는 존재 자체에 무관심합니다. 그래서 '종교 없음'이 오늘날의 흐름입니다. '신이 뭐? 왜?' 이런 분위기입니다.

그런 현대인도 죽음 앞에서는 슬쩍 신에 관심을 보입니다. 본인이나 가족이 암으로 죽어갈 때, 부모형제의 갑작스런 사고를 경험했을 때, 친구와 지인의 불행한 병을 눈으로 볼 때 신에 주목하는 것입니다. 신의 도움을 받고 싶기 때문입니다. 초월적 존재가 있다면 그 도움을 받아 죽음을 피하고 싶고 또 죽음 후의 일을 부탁하고 싶은 것입니다.

인간의 한계가 있습니다. 알 수 없는 일이 있고 될 수 없는 일이 있으며 이룰 수 없는 일이 있습니다. 지적 한계와 신체적 한계가 있고 능력의 한계가 있습니다. 사람은 누구나 병들고 아프고 다칩니다. 무엇보다 죽음을 피할 수 없습니다. 이 죽음이 인생을 허무하게 만듭니다. 예루살렘의 왕이었던 사람이 자신의 인생을 가리켜 '헛되고 헛되며 헛되고 헛되니 모든 것이 헛되도다'라고 말했습니다.(구약성경 전도서 1:2) 인생이 정말 허무하고 세상 만사가 너무나 허무하다는 뜻입니다.

전도서의 저자는 모든 것을 해보았습니다. 온갖 쾌락을 즐겨 보았고 술을 잔뜩 마셔 보았습니다. 왕궁과 포도원과 동산과 공원과 연못을 만들어 보았습니다. 종과 짐승이 아주 많았습니다. 금은보화가 많았고 첩도 많았습니다. 하고 싶은 것은 다 해보았고 그 어떤 쾌락도 사양하지 않았습니다. 그런데도 자신의 인생을 가리켜 정말 허무하고 허무하다고 말합니다. 죽음 때문입니다. 전도서의 저자는 죽음을 직면하면서 인생의 허무함을 느낍니다. 사람의 운명이 짐승의 운명과 똑 같다는 것을 깨닫게 된 것입니다. 이렇게 죽음이 인생의 허무를 가져옵니다.

이를 극복할 수 있는 단 하나의 길이 있습니다. 인생의 허무함과 죽음의 두려움, 그리고 죽음이 주는 슬픔을 극복할 수 있는 유일한 방법이 있습니다. 그것은 하나님을 믿고 영원한 생명을 얻는 것입니다.

많은 사람들이 하나님의 존재하심을 의심합니다. 믿을 수 없다고 하면서 그것을 증명해보라고 합니다. 하나님의 존재하심을 증명해야 믿겠다는 식으로 말합니다. 사실 그런 방법은 없습니다. 하나님의 존재하심을 실험, 관찰, 객관적 증거, 과학적 논리 등으로 증명할 수는 없습니다. 그러나 하나님의 존재하심을 확인할 수 있는 길이 있습니다. 그것은 하나님의 지혜를 발견하는 것입니다. 사람의 지혜가 아닌 것이 있다면 신의 지혜입니다. 신의 지혜가 있다면 신이 존재합니다. 이를 통해 하나님의 존재하심을 확인할 수 있습니다.

성경에 신의 지혜가 있습니다. 하나님의 본질, 세상의 창조, 사람의 구원, 세상의 종말 등이 그런 지혜입니다. 이런 것은 사람의 지혜가 아닌 하나님의 지혜입니다. 이를 하나님의 지혜로 인정함으로써 하나님을 믿을 수 있습니다.

하나님을 믿는 사람은 하나님의 존재하심을 체험합니다. 살아계신 하나님의 사랑과 은혜를 몸으로 체험합니다. 성경 말씀이 영원한 진리의 말씀임을 내적으로 확신하게 됩니다. 믿는 자는 이런 체험을 통해 하나님의 존재하심을 더욱 확신하게 됩니다. 암 진단을 받고도 전혀 죽음을 두려워하지 않는 성도들이 있습니다. 영원한 생명과 하나님 나라를 확신하기 때문입니다. 죽음을 이긴 사람이 된 것입니다. 하나님을 믿고 의지하는 사람이 지혜로운 사람입니다. 그는 인생의 참된 의미를 알고 생로병사의 고통을 이기며 죽음 후의 일을 압니다. 하나님을 통해 인간의 한계를 극복하는 것입니다. 이것이 교회가 사람들을 믿음으로 초대하는 이유입니다. 이 책이 그런 목적을 가졌습니다.

이 책의 출판을 도와주신 '후밀리타스' 출판사의 장성환 목사님과 창의진 교회 성도님들의 수고와 격려에 진심으로 감사합니다. 그리고 늘 기도와 재정으로 도우시는 강남교회 성도님들과 가족들의 사랑에 진심으로 감사합니다. 무엇보다 이 모든 일들을 주관하시는 하나님의 은혜와 섭리를 찬양합니다.

2022년 1월 정순혁 목사

[참고]
이 책에서는 『쉬운 성경』(개정판, 아가페출판사, 2005)을 성경 본문으로 사용했습니다.

천년 결론에 대한 도전

1장

신에 대한 무관심

당신은 신(神)에 관심이 있습니까? '신이 과연 있을까? 아니면 없을까? 신은 하나일까? 여럿일까? 아주 많을까? 신이 있다면 어떤 존재일까? 인간을 닮았을까? 아니면 완전히 다를까? 신은 전지전능하고 영원무궁할까? 아니면 신도 어떤 한계가 있을까? 신이 우주만물과 인간을 창조했을까? 신이 정말 인간의 생사화복과 역사를 주관할까? 신은 자비롭고 사랑이 많을까? 아니면 냉정하고 무서울까? 신을 믿는 게 좋을까? 신에 무관심한 게 좋을까?' 이런 관심이 있습니까? 아마도 아닐 것입니다. 현대인은 대부분 신에 대해 무관심합니다. 그것이 현대인의 특징입니다.

15세기 문예부흥(르네상스)을 기점으로 중세가 끝나고 근대가 시작되었습니다. 근대는 과학과 인문학의 발달로 인해 자연과 인간에 대한 관심이 높아졌습니다. 그러면서 자연스럽게 신에 대한 관심이 줄어들었습니다. 자연과 인간에 대한 높은 관심이 신에 대한 무관심을 가져온 것입니다. 이런 분위기는 현대에 들어와 더욱 강해졌습니다.

1882년에 독일 철학자 니체(Nietzsche)는 '신은 죽었다. 신은 죽은 채로 있다. 그리고 우리가 그를 죽였다'라는 말을 했습니다. 신의 죽음을 선포한 것입니다. 니체의 말은 일종의 예언이 되었고 유명해졌습니다. 100년이 지금도 사람들은 '신은 죽었다'라는 니체의 말을 기억합니다.

※ "신은 죽었다": 니체가 『즐거운 학문』이라는 책에서 한 말. 여기서 신은 기독교의 초월적 신을 의미한다. '신의 죽음'은 초월적 신에 대한 믿음과 그에 기초한 모든 전통적 가치나 규범의 '연속적인 붕괴, 파멸, 멸망, 전복'을 뜻한다.(『세상에서 가장 흥미로운 철학 이야기(근현대편)』, 휴머니스트, 2010, 227-229쪽) 니체의 말은 기독교의 신을 포함해서 사람들이 신처럼 받들던 합리주의의 모든 가치가 그 의미를 잃었다는 뜻이다.

니체의 주장을 따르면 허무주의가 올 수밖에 없다. 기존의 모든 가치가 무너지기 때문이다. 그래서 니체는 초인(超人)의 도래를 외친다. 인간 스스로 운명의 주인이 되어 신의 죽음으로 인한 허무를 극복하겠다는 것이다.

2015년에 히브리 대학의 유발 하라리 교수가 『호모 데우스』(Homo Deus)라는 책을 출판했습니다.(2017년 한국어판 출간) 인간의 학명(學名)을 '호모 데우스'로 정의한 것입니다. 호모 데우스는 'Homo(인간)-Deus(신)'라는 뜻으로 '신이 된 인간'을 말합니다. '신을 지향하는 인간'으로 이해할 수도 있습니다.

하라리는 이 책에서 인간이 세 가지 방법으로 신으로 업그레이드된다고 합니다. 그것은 생명공학, 사이보그공학(인조인간 만들기), 비(非)유기체 합성입니다.(『호모 데우스』, 유발 하라리, 김명주 역, 김영사, 2017, 69쪽) 과학의 발달과 기술혁명을 통해 인간이 신의 경지에 도달할 것이라고 전망한 것입니다. 니체가 말한 '신의 죽음'을 넘어서 이제 '인간 스스로 신이 되는 시대'가 되었습니다.

니체는 신의 죽음을 선포하면서 초인의 도래를 희망했습니다. 하라리는 이제 인간이 신이 되었다고 선포합니다. 하라리의 책 제목이 현대의 시대정신을 반영합니다. 이런 시대를 사는 현대인은 신의 존재에 대해 거의 관심이 없습니다.

현대인이 신에 무관심한 이유는 여러 가지입니다. 첫째, 신학과 철학의 분리 때문입니다. 중세(5~15세기)가 끝나고 근대에 들어서면서 신학과 철학이 분리되었습니다. 사람들은 철학의 주제인 인간에 더 깊은 관심을 보였고, 신학의 주제인 신은 종교인들만의 관심으로 축소되었습니다. 인간에 집중하면서 신에 대한 관심이 줄어든 것입니다. 그러면서 점차 신에 대한 관심을 잃어버리게 되었습니다.

둘째, 과학의 발달 때문입니다. 근대(15~20세기 초)에 들어서 과학이 발달하면서 신의 영역이 많이 축소되었습니다. 이전에는 신의 솜씨라고 믿었던 것들이 이제는 물리, 화학, 천문학, 생물학 등으로 설명이 가능하게 되었습니다. 신의 존재가 필요 없게 된 것입니다. 특히 지난 20-30년간 과학이 놀라울 정도로 발달했습니다. 이 시기를 과학 혁명의 시기라고까지 합니다. 그러면서 신에 대한 관심이 더욱 약해졌습니다.

셋째, 현대의 시대정신 때문입니다. 현대의 시대정신은 탈근대(포스트

모더니즘)입니다. 그래서 신과 영웅, 자기희생과 헌신 같은 주제를 외면합니다. 이런 것들은 전근대적인 것이기 때문입니다. 그리고 이성과 주체, 사회적 진보와 혁명 같은 주제에도 무관심합니다. 이런 것들은 근대적이기 때문입니다.

탈근대 시대를 사는 현대인은 개인의 심리, 성적 취향, 소수자의 권익, 문화의 다양성, 인식과 가치의 상대성, 일상의 중요성 등에 몰두합니다. 세속적인 것, 일상적인 것, 개인적인 것, 상대적인 것에만 관심을 둡니다. 이런 것들이 탈근대적인 이야기들입니다.(『신』, 김용규, Ivp, 2018, 872-873쪽) 거의 모든 현대인이 신과 진리에 무관심하고 그보다 자아의 성취와 개인의 행복에 훨씬 더 관심이 큽니다. 그래서 현대의 큰 흐름은 '종교 없음'입니다. 신은 죽었고 오히려 인간이 신이 되었습니다.

※ 세속주의와 다원주의: 현대인은 공통적으로 진리에 무관심하다. 그 이유를 데이비드 웰스라는 신학자는 현대 세계의 공통적 특징인 세속주의와 다원주의 때문이라고 설명한다. 웰스는 『신학 실종』이라는 책에서 세속적 인본주의와 진리의 다양성 인정이 현대의 시대정신이라고 한다. 현대인은 기본적으로 신이 없다고 생각한다. 신이 있어도 나와는 무관한 존재라고 생각한다. 이것이 세속주의다. 그러다보니 하나님이 만물을 창조하셨다는 성경의 주장이 아주 불편한 것이다. 그리고 현대인은 기본적으로 모든 종교가 모두 다 진리라고 생각한다. 진리의 독점은 있을 수 없다는 것이다. 이것이 다원주의다. 그러다보니 기독교에만 구원이 있다는 교회의 주장이 아주 불쾌한 것이다.(『신학실종』, 데이비드 웰스, 김재영 역, 부흥과 개혁사, 2006, 136-149쪽 참고)

넷째, 천년 전 결론 때문입니다. 중세는 신의 존재가 주요 관심사였습니다. 그래서 신학자들을 비롯한 사상가들이 신의 존재를 증명하기 위해 노력했습니다. 그러나 아무도 '신의 존재'를 증명할 수 없었습니다. 반대로 '신의 부재'도 증명할 수 없었습니다. 어떤 논리적 설명도 신의 존재나 부재를 증명할 수 없었던 것입니다. 그러면서 인간은 '신의 있음'도 증명할 수 없고 '신의 없음'도 증명할 수 없다는 결론을 얻었습니다. 중세의 이 결론이 지금까지 유효합니다.

중세의 결론은 현대 과학의 결론이기도 합니다. 바바라 해거티(Barbara Hagerty)는 신의 존재를 과학적으로 확인하기 위해 노력했습니다. 그러나 결국 '과학은 신의 존재를 증명할 수도 없지만 신이 없다는 것을 증명할 수도 없다'라고 말합니다.(『신의 흔적을 찾아서』, 바바라 해거티, 홍지수 역, 김영사, 2013, 342쪽) 과학은 초자연적 존재의 문제에 답을 줄 수 없다는 것입니다. 현대인이 신에 무관심한 큰 이유는 이 문제가 중세에 이미 결론이 났기 때문입니다. 천년 전에 결론이 난 문제를 다시 생각해 볼 이유가 없습니다.

※ 신의 존재 증명: 안셀무스(St. Anselmus, 1033-1109)의 존재론적 증명이 유명하다. 안셀무스는 '그 이상 위대한 존재를 상상할 수 없는 실재인 하나님은 반드시 존재한다'라는 식으로 신의 존재를 주장했다. 그러자 가우닐로라고 하는 무명의 수도사가 안셀무스의 주장에 반론을 제기했다. 약 600년 후 데카르트(Descartes, 1596-1650)가 안셀무스와 유사한 방법으로 신의 존재를 증명했다. 다시 150년 쯤 후 칸트(Kant, 1724-1804)가 이를 반박했다.(『신』, 김용규, Ivp, 2018, 174-182쪽)

아퀴나스(St. Aquinas, 1225-1274)가 『신학대전』에서 말한 '다섯 길'도 유명하다. 아퀴나스는 하나님의 존재를 '제1의 운동자, 제1의 능동인(원인자), 필연적 존재, 제1의 완전자(최고 가치), 궁극적 설계자(통치자)'라는 다섯 가지 방법으로 증명하려고 했다. 칸트는 아퀴나스의 방법도 반박했다.(『신』, 182-188쪽) 전통적인 신의 존재 증명 방법으로 존재론적 증명, 우주론적 증명, 목적론적 증명 등이 있다. 칸트는 도덕적 측면에서 신의 존재를 요청했다. 신의 존재를 알 수는 없지만 도덕법의 의미를 위해 마치 신이 존재하는 것처럼 여겨야 한다고 주장한 것이다.(『서양 철학 이야기』, R. C. 스프롤, 조계광 역, 생명의 말씀사, 2002, 150-151쪽)

죽음의 문제

　　그런데 이렇게 신에 무관심한 현대인이 슬쩍 신에 관심을 가질 때가 있습니다. 죽음을 직면했을 때입니다. 가족과 친구의 죽음을 경험하거나 자신의 죽음을 준비해야 할 때 신을 생각합니다. 인간의 한계를 느끼며 신에 관심을 가집니다. 신이 존재한다면 신의 도움을 받고 싶은 것입니다. 치료, 장수, 생명의 연장 같은 것입니다. 묻고 싶은 것도 있습니다. 환생, 영생, 소멸, 죽음 후의 삶 같은 것입니다.(이 책의 부록인 〈故 이병철 회장의 24개 질문과 그답〉 참고)

　　사실 인간은 신으로부터 완전히 자유로운 존재가 아닙니다. 현대인도, 초인도, 호모 데우스도 신으로부터 왼진히 자유롭지 못합니다. 생로병사라는 인간의 한계 때문입니다. 특히 죽음이 그렇습니다. 인간은 죽음 앞에서 평소에 잊고 지내던 신을 생각합니다. 하라리가 호기롭게 주장한 호모 데우스도 마찬가지입니다. 사람은 죽음 앞에서 어쩔 수 없이 인간과 다른 존재, 생사를 초월한 존재, 영원한 존재를 생각합니다.

인간은 반드시 죽습니다. 그런데 그 과정이 대부분 고통스럽고 그 결과가 허무합니다. 죽음 앞에서 인간의 맨 얼굴이 드러납니다. 죽음의 현실은 결코 고상하지 않습니다. 고상한 죽음은 드라마에나 있을 뿐이라고 합니다. 아래는 신문에서 읽은 어느 호스피스 교육을 받은 사람의 글입니다.

"내가 들어가 본 서울의 5대 종합병원 중환자실은 전혀 그게 아니었다. 말기 환자들 가운데 고통과 비명, 분노와 앙탈, 끝없는 혼수상태에 빠져 있는 것 같은, 그러나 아주 무생물에 가까운 환자들이 거기에 누워 있었다. 마지막 순간에는 가슴을 쥐어짜는 듯 슬픈 모습으로 숨을 거둔다. 죽음의 표정은 가족들 가슴에 깊이 파고든다. 그것은 지울 수 없는 잔상으로 늘 눈앞에 어른거린다. 아픔이 오래도록 남아 유가족이 버텨내는 데 많은 시간이 필요하다. 말기 환자들이 기억하고 있는 중환자실은 그토록 살벌하기만 하다.

나와 함께 호스피스 교육을 받았던 중환자실의 한 수석간호사와 드라마의 '멋진 죽음'을 화제로 올린 적이 있었다. 그가 어처구니없다는 표정으로 나를 쳐다보더니 하는 말이 이랬다. '세상을 곧 떠나게 된 환자가 가볍게 미소를 흘리며 몇 마디 유언을 남길 틈이 어디 있어요? 온몸이 아프고 탈진이나 혼수상태에 빠져 있는데 뭐 살짝 웃어요? 유언은 무슨 유언이에요? 말도 안 되는 환상이지요. 당사자라면 그게 가능하겠어요? 어디 한번 해보세요.' 그렇게 속사포로 대꾸하며 나를 놀렸다."

〈멋진 죽음은 없다〉, 최철주, dongA.com, 2012-10-03)

죽음은 두려움을 줍니다. 고통이 주는 두려움입니다. 대부분의 죽음은 병이나 사고로 인한 것인데 그때 고통이 따라옵니다. 병으로 죽는 사람은 예외 없이 고통에 시달립니다. 특히 암에 걸린 사람들이 그렇습니다. 암환자는 때로 극심한 고통에 시달립니다. 그래서 의사와 간호사는 암을 가장 무서운 병으로 여긴다고 합니다. 사고도 마찬가지입니다. 즉사하는 경우가 아니라면 큰 고통을 겪기 마련입니다.

죽음은 슬픔도 줍니다. 아끼고 사랑하던 모든 것과 영원히 이별하기 때문입니다. 사랑하는 배우자와 자식을 더 이상 볼 수 없습니다. 부모형제도 마찬가지입니다. 친한 친구와 더 이상 만날 수 없습니다. 아끼고 사랑하던 모든 사람, 모든 것들과 작별해야 합니다. 먹고 싶고 보고 싶고 하고 싶은 모든 것을 더 이상 할 수 없습니다. 이런 영원한 단절이 슬픔을 줍니다.

죽음은 또한 허무함을 줍니다. 평생 이룬 인생의 흔적과 모든 소유를 포기해야 합니다. 인생을 바쳐 이룬 명예와 업적, 정말 소중한 물건, 가장 즐거웠던 추억, 평생 기억하고 싶은 순간을 다 잊어야 합니다. 단 하나도 죽음 후로 가져갈 수 없습니다. 그래서 사람은 죽음 앞에서 인생무상, 삶의 회의를 느낍니다. 진시황이 기를 쓰고 불로초를 구하려고 원했던 것도 죽음의 고통과 슬픔과 허무가 두렵고 싫었기 때문입니다.

죽음 후도 문제입니다. 사람은 죽음 후에 관해 아무것도 모릅니다. 매장이던 화장이던 죽고 나면 모든 것이 끝나는지, 아니면 어떤 것으로 이어지는지 알 수 없습니다. 몸은 분명히 없어지지만 영혼은 남는 것인지 알 수 없습니다. 기독교의 주장처럼 천국과 지옥이 있는지, 불교의 주장처럼 윤회가 있는지 알 수 없습니다. 죽은 사람이 완전히 무(無)로 돌아가는지, 다시 환생하는지, 아니면 영원히 사는 지 알 수 없습니다. 아무도 모릅니다. 초인도 모르고 호모 데우스도 모릅니다.

이렇다는 주장은 있지만 객관적인 증거가 없습니다. 화장을 하거나 시신을 땅에 묻은 지 1-2년 후에 다시 살아 돌아온 사람이 없습니다. 잠깐 죽었다 살아난 사람들이 있다고는 하지만 그들의 경험도 아무런 증거가 없습니다. 뭔가를 보고 경험했다는 그들의 말이 있을 뿐입니다. 천국과 지옥의 영상을 가져온 사람이 없습니다. 내세의 물건을 가지고 온 사람이 없습니다. 전생의 물건을 들고 온 사람도 없습니다. 아무도 죽음 후를 모릅니다.

결국 인간은 신이 아닙니다. 아무리 기술 혁명이 일어나도 죽을 수밖에 없고 죽음 후를 알 수 없습니다. '호모 수페리오르'(homo superior, 초인, 영웅적 인간)도 죽음을 피할 수 없습니다. '호모 테크니쿠스'(homo technicus, 기술적 인간)도 죽음 후는 모릅니다. 호모(homo)가 붙은 존재는 죽음 앞에서 철저히 무기력한 것입니다.

신의 지혜

그래서 신에 대한 관심이 필요합니다. 신의 도움으로 죽음의 문제를 해결할 수 있기 때문입니다. 신의 사랑과 능력이 죽음의 문제를 해결할 수 있습니다. 그렇게 죽음의 문제를 해결할 때 인간의 삶이 달라집니다. 두려움, 슬픔, 허무를 극복하게 됩니다. 불안, 초조, 공포를 벗어나게 됩니다. 소망, 평안, 기쁨, 행복을 얻게 되고 삶의 의미를 깨닫게 됩니다. 신의 도움으로 인간의 문제를 해결하는 것입니다.

그래서 현대인도 신에 관심을 가져야 합니다. 신의 존재가 죽음의 문제를 해결하고 참된 기쁨을 주기 때문입니다. 신의 존재 여부가 내 삶에 큰 영향을 미칩니다. 그래서 신의 존재는 가볍게 여길 일이 아닙니다. 잊고 살아도 되는 문제가 아닙니다. 호모 데우스라는 자긍심으로 마냥 신을 무시할 게 아닙니다. 신을 통해 죽음의 문제를 해결하는 게 지혜롭습니다. 파스칼이 말한 '인생의 내기'에 귀를 기울일 필요가 있습니다.

※ 인생의 내기: 『팡세』로 유명한 파스칼(Blaise Pascal, 1623-1662)은 사람이 신의 존재 유무에 관심을 가지는 게 유익하다고 한다. 파스칼은 이를 '인생의 내기'로 설명한다. 파스칼은 신이 있다고 믿는 경우와 없다고 믿는 경우로 구분한다. 그러면서 있다고 믿었는데 정말 있다면 모든 것을 얻고(천국행), 만약 없다면 약간의 세속적 손해를 볼 뿐이라고 한다.(시간과 물질) 반대로 신이 없다고 믿었는데 만약 있다면 모든 것을 잃고(지옥행), 정말 없다면 손해도 없고 이득도 없다는 것이다. 그러므로 신의 존재를 믿는 것이 믿지 않는 것보다 이익이라고 설명한다. 신의 존재를 믿는 게 사람에게 이익이라는 것이다.

이것은 신의 존재를 증명하는 것은 아니다. 신을 믿는 게 더 합리적이라는 설명이다. 파스칼의 설명은 논리적 한계가 있고 다양한 변수를 무시했다는 비난도 받았다. 그러나 파스칼이 말하고 싶었던 것은 '하나님은 정말 존재하신다'라는 사실이었다. 파스칼의 말이 현대인에게 설득력을 가진다고 보기는 어렵다. 이미 '종교 없음'이 현대인의 두드러진 특징이 되었기 때문이다.

그렇다면 21세기의 호모 데우스는 중세의 결론을 극복할 수 있을까요? 신의 존재는 긍정도 부정도 할 수 없다는 1,000년 전의 답을 수정할 수 있을까요? 그렇습니다. 그런 길이 있습니다. 신의 존재를 확인하고 신의 존재를 믿을 수 있는 길이 있습니다.

구약성경에 솔로몬의 지혜를 칭송하는 이야기가 있습니다. 솔로몬과 두 창녀에 대한 이야기입니다.(열왕기상 3장) 어느 날 두 창녀가 솔로몬에게 왔습니다. 두 여자는 삼 일 간격으로 아들을 낳았는데 한 여자의 아기가 죽었습니다. 자기 아들을 깔고 자는 바람에 죽은 것입니다. 그런데 실수를 한 여자가 아들을 바꿔치기 했습니다. 죽은 자기 아기와 살아 있는 다른 아기를 바꾼 것입니다. 두 창녀는 서로 살아 있는 아기가 자기 아기라고 다투었습니다. 그래서 솔로몬에게 진짜 아기 엄마를 밝혀달라고 온 것입니다.

솔로몬은 '칼을 가져와 살아 있는 아기를 둘로 나누어 두 여자에게 반쪽 씩 나누어 주라'고 판결했습니다. 그러자 한 여자는 그렇게 해 달라고 했습니다. 그러나 다른 여자는 그렇게 하지 말고 아기를 산 채로 저 여자에게 주라고 말했습니다. 그러자 솔로몬은 아기를 죽이지 말라고 한 여자가 진짜 어머니라고 다시 판결합니다. 아기를 살리려고 한 여자가 진짜 어머니라고 합니다. 어머니의 사랑을 이용한 판결이었습니다.

솔로몬은 어머니의 자식 사랑을 알았습니다. 그 사랑을 포착한 것이 솔로몬의 지혜였습니다. 현대라면 CCTV를 확인하거나 두 여자와 아기의 DNA를 감식했을 것입니다. 솔로몬의 지혜가 그런 역할을 했습니다. 진실을 파헤친 것입니다. 신의 존재를 확인하는데 그런 지혜가 필요합니다. 알고 있는 사실에 숨겨진 의미를 파악하는 지혜입니다. 평범한 것에서 특별한 의미를 파악하는 지혜입니다. 보이는 것에서 보이지 않는 의미를 깨닫는 지혜입니다.

신의 존재를 확인하는데 필요한 지혜는 '사람의 것이 아니라면 신의 것일 수밖에 없다'라는 지혜입니다. 인간의 것이 아니라면 신의 것입니다. 만약 신의 것이 있다면 신이 존재한다는 뜻입니다. 신의 존재를 그렇게 확인할 수 있습니다.

사람이 절대 생각해 낼 수 없는 진리가 있다면 그것은 신의 지혜입니다.

사람이 절대 알 수 없는 지식이 있다면 그것은 신의 지혜입니다.

사람이 절대 말할 수 없는 주장이 있다면 그것은 신의 지혜입니다.

사람이 절대 상상할 수 없는 예언이 있다면 그것은 신의 지혜입니다.

사람이 절대 설파할 수 없는 논리가 있다면 그것은 신의 지혜입니다.

사람의 지혜가 아닌 것이 있다면 그것은 신의 지혜고, 신의 지혜가 있다면 신이 존재한다는 뜻입니다.

그렇다면 이 세상에 정말로 사람의 것으로 볼 수 없는 어떤 지혜가 있을까요? 사람의 경험, 이성, 사색, 노력과 아무 상관이 없는 것이 있을까요? 있습니다. 성경에 그런 것이 있습니다. 인간의 것으로 볼 수 없는 지혜가 있습니다. 사람이 결코 생각할 수 없고 사람이라면 절대 말하지 않을 지혜가 성경에 있습니다. 이 책은 그런 지혜를 살펴보려고 합니다.

성경에 사람의 지혜를 초월하는 말씀, 사람이 절대 알 수 없는 예언이 있습니다. 사람은 결코 말할 수 없는 지식이 있습니다. 그래서 성경을 신의 계시, 하나님의 말씀이라고 합니다. 사람이 썼지만 신의 계시를 따라 기록했다는 뜻입니다. 사람이 쓰고 전하고 모으고 경전으로 결정했지만 하나님의 뜻을 따라 그렇게 되었다는 말입니다. 성경은 결코 사람의 생각을 쓰고 모은 책이 아닙니다. 하나님의 지혜를 기록하고 모은 책입니다.

인간의 지혜가 아니라면 신의 지혜고 신의 지혜가 있다면 신이 존재합니다. 약간의 진지함만 있으면 인간의 지혜와 신의 지혜를 구별할 수 있습니다. 그리고 약간의 솔직함만 있으면 신의 존재를 인정할 수 있습니다. 신의 지혜를 발견한다면 중세와 다른 결론을 얻을 수 있습니다. 신의 존재를 확인할 수 있는 것입니다. 그렇다면 호모 데우스도 신을 믿을 수 있습니다. 신의 지혜를 통해 신을 확인하고 믿는 것입니다.

신의 지혜 신의 존재

예수에 대한 이상한 이야기

성경에 사람의 지혜를 초월하는 말씀이 있습니다. 예를 들면 예수에 대한 이야기가 그렇습니다. 사람이라면 절대 하지 않을 이야기고 또 할 수 없는 이야기입니다. 예수는 어느 날 예루살렘에서 유대인들에게 '너희의 조상 아브라함은 나를 볼 것을 생각하며 기뻐했다. 그는 나를 보고 기뻐했다. 나는 아브라함이 태어나기 전부터 존재했다'라는 말을 합니다.(요한복음 8:56-58) 서기 30년경에 있었던 일입니다.

아브라함은 기원전 2,000년-1,800년경에 살았습니다. 예수가 태어나기 약 2천 년 전 사람입니다. 그런데 예수는 그런 아브라함이 자기를 보고 기뻐했다고 말합니다. 그리고 자기가 아브라함이 태어나기 전부터 존재했었다고 말합니다. 분명히 황당한 말입니다. 2020년에 30살인 대한민국의 어떤 남자가 경주에 가서 사람들을 모아 놓고, '박혁거세가 나를 보고 기뻐했다. 나는 박혁거세가 태어나기 전부터 존재했었다'라고 말하는 격입니다.

지금이라면 사람들이 단순히 정신병자 취급을 하며 돌아섰을 것입니다. 당시 이 말을 들은 유대인들은 예수를 죽이려고 했습니다. 심각한 조상 모독으로 여겼기 때문입니다.

실은 그런 정도가 아닙니다. 성경은 예수가 하나님의 아들로서 창조에 관여했다고 합니다. 그런 이야기가 한 두 곳이 아닙니다. 예수는 약 2천 년 전 이스라엘에서 태어나 나사렛에서 자랐습니다. 서른 살 정도까지 목수 비슷한 일을 하며 살았습니다. 그러다가 3년 정도 하나님 나라를 전하고 다녔습니다. 그러면서 유대 지도자들의 미움을 샀습니다. 그래서 정치범으로 몰려 십자가형을 받고 죽었습니다. 로마 총독이 이를 허락했습니다. 여기까지는 객관적 사실입니다. 아무도 이 사실을 부인하지 않습니다.

그런데 성경은 이런 남자를 가리켜 창조주라고 합니다. 현대 과학의 수치를 빌린다면 예수가 138억 년 전부터 존재했었다는 것입니다. 그리고 실로 광대한 우주를 손수 창조했다고 합니다. 물론 예수 당시에는 창조 연대를 몇천 년 전으로 생각했고 훨씬 작은 우주, 눈에 보이는 세상을 우주로 생각했습니다. 아무튼 인간이라면 이렇게 말하지 않습니다. 누가 서른 살 정도의 남자를 가리키면서 '저 사람이 지금 나사렛에서 목수 일을 하며 살고 있지만, 실은 수천 년 전부터 존재하면서 지구와 태양과 달과 별과 모든 식물과 모든 동물과 모든 인간을 만든 사람이야'라고 말하겠습니까?

뿐만 아니라 예수 자신이 창조주라는 사의식을 가지고 있었습니다. 자신이 창조 전부터 존재했으며 창조에 관여했다는 것입니다. 그래서 예수는 '그러므로 아버지, 이제는 세상이 창조되기 전에 제가 아버지와 함께 가지고 있던 그 영광으로써 저를 영광되게 해 주십시오'라고 말씀하십니다.(요한복음 17:5) 같은 말씀이 요한복음 17:24에도 있습니다.

※ 예수의 창조: 나사렛 예수가 창조주라는 말씀이 성경 여러 곳에 있다.(요한복음 1:3, 10, 17:5, 24, 고린도전서 8:6, 골로새서 1:15-17, 요한일서 1:1) 그 중에서 아래 두 말씀이 대표적이다.

"또 주 예수 그리스도도 한 분만 계십니다. 만물이 그분 때문에 창조되었고 우리도 그분 때문에 살고 있습니다."(고린도전서 8:6)

"그리스도는 이 세상 만물보다 먼저 계신 분입니다. 그의 능력으로 하늘과 땅에 있는 모든 것과 눈에 보이는 것과 보이지 않는 것과 모든 권세와 지위, 주권, 능력이 생겨났습니다. 이 모든 것이 그리스도에 의해 창조되었으며, 또 그리스도를 위해 창조되었습니다. 그리스도는 모든 것이 생기기 전에 이미 계셨으며, 이 세상 모든 만물이 그분에 의해 유지되고 있습니다."(골로새서 1:15-17)

예수에 대한 이상한 이야기가 더 있습니다. 성경은 예수를 가리켜 참 신이자 참 인간이라고 합니다. 100% 신이자 100% 인간이라는 말입니다. 있을 수 없는 존재입니다. 100% 인간이자 100% 나무가 가능합니까? 절대 불가능합니다. 먹고 자고 운전하는 완전한 인간인데 동시에 푸른 솔잎을 가지고 솔방울을 맺는 완벽한 소나무, 그런 존재는 있을 수 없습니다. 그런데 성경은 예수가 그런 존재라고 합니다. 인간의 이성으로는 황당할 뿐입니다. 사람을 완전히 무시하는 논리입니다. 그런데 그렇다고 합니다.

사람의 지혜라면 예수를 그렇게 만들지 않습니다. 참 신이면 참 신이고 참 인간이면 참 인간으로 만듭니다. 신이 사람의 탈을 쓰고 사람인 척 살았다고 하든지, 인간이 엄청난 선행과 고행으로 진리를 깨닫고 신의 반열에 올랐다고 할 것입니다. 걸어 다니는 인간이면 인간이고 솔방울을 맺는 소나무면 소나무지, 걸어 다니는 소나무, 솔방울을 맺는 인간이라는 식으로 말할 이유가 없습니다. 그런 터무니없는 주장은 헛웃음이나 짜증, 아니면 분노만 일으킬 뿐입니다.

인간의 지혜는 절대 예수 그리스도라는 인물을 만들어 내지 않습니다. 나사렛 출신 인간 예수가 곧 신이고 창조에 관여했다고 하지 않습니다. 그럴 이유가 조금도 없습니다. 설득력이 전혀 없고 오히려 화를 불러일으키기 때문입니다. 그런 존재를 믿으라고 하면 아무도 믿지 않습니다. 그래서 예수가 참 신이고 동시에 참 인간이며 창조에 관여했다는 말은 사람의 지혜가 아닙니다.

예수에 대한 이상한 이야기가 더 있습니다. 예수의 십자가 죽음이 인류의 모든 죄를 사한다는 이야기입니다. 성경은 예수의 죽음이 대속(代贖)의 죽음이라고 합니다. 예수의 죽음이 모든 인류의 모든 죄를 대신 속죄한다는 것입니다. 아무리 큰 죄를 지었다고 하더라도 예수를 믿으면 그 죄를 용서받는다고 합니다.

예를 들면 이렇습니다. 히틀러 때문에 수많은 사람들이 죽고 또 고통을 당했습니다. 유럽과 러시아에서 수천만의 사람들이 죽거나 부상을 당했습니다. 재산을 잃고 가족을 잃었습니다. 유대인들은 유대인이라는 이유만으로 6백만 이상이 희생당했습니다. 개중에는 정말 아무 죄 없는 어린이와 아기들이 있습니다. 천사 같은 아이들이 히틀러 때문에 죄 없는 죽음을 당한 것입니다. 악인 중에 이런 악인이 없습니다.

※ 히틀러: 이 세상에 악한 자들이 많지만 히틀러가 가장 악할 것이다. 역사상 히틀러 때문에 죽은 사람이 가장 많다. 2차 대전(1939. 9. 1-1945. 5. 7)이 끝났을 때 군인은 1천 5백만 명, 민간인은 3천 5백만 명이 죽었다고 한다. 민간인 중 2천만 명은 소련 사람이었고, 6백만 명은 유대인이었다. 히틀러 때문에 약 6년 동안 5천만 명이 죽은 것이다.

그런데 성경은 그런 히틀러도 예수를 믿어 회개하면 그 죄를 용서받을 수 있다고 합니다.(물론 히틀러는 회개하지 않았습니다) 천국에 들어갈 수 있고 영원히 살 수 있다고 합니다. 사람의 지혜로는 말이 되지 않습니다. 2천 년 전 예수의 죽음과 히틀러의 무서운 죄에 무슨 연관성이 있을 수 없습니다. 두 사람은 살았던 시대가 달라도 너무 다릅니다. 무슨 관계가 있을 수가 없습니다. 그런데 성경은 관계가 있다고 합니다. 더군다나 히틀러가 예수를 구주로 믿어 자신의 죄를 회개하면 그 무서운 죄, 그 모든 죄를 다 용서받는다고 합니다.

히틀러가 자살하지 않고 살아서 재판을 받았다고 가정해 보겠습니다. 재판을 받고 사형을 당하는 과정 중에 예수를 믿어 자신의 죄를 진실로 회개했다고 가정해 보겠습니다. 만약 그랬다면 히틀러는 죄를 용서받고 지금 천국에 있을 것입니다. 이것이 성경의 가르침입니다.

인간의 지혜로는 말이 안 됩니다. 그런 일은 있을 수도 없고 있어서도 안 된다는 생각이 듭니다. 사람의 지혜로는 히틀러를 용서하고 싶지도 않고 또 용서할 수도 없습니다. 이 세상 모든 사람이 히틀러에 대한 용서를 반대할 것입니다. 저도 그렇습니다. 그런데 성경은 그렇게 악한 히틀러도 예수를 믿어 회개하면 모든 죄를 용서받는다고 합니다. 하나님은 히틀러를 용서하기 원하시고 또 용서하실 수 있다고 합니다. 사람의 지혜가 아니기 때문에 그렇습니다.

　※ 유기(遺棄)의 벌: 성경에는 하나님이 죄를 회개하지 못하도록 하신다는 말씀이 있다. 하나님께서 그를 심판하기로 결심하셨다는 뜻이다. 이를 유기의 벌이라고 하는데 하나님께서 버리셨다는 뜻이다. 회개하고 구원받을 기회를 박탈하셨다는 뜻이다. 교회는 유기의 벌을 가장 무서운 벌이라고 한다. 더 이상 구원받을 기회가 없기 때문이다. 히틀러는 사실 죽기 오래 전에 이미 유기의 벌을 받았을 것이다.

　인간의 지혜라면 구원을 이렇게 말하지 않습니다. 구원을 사람의 선행, 고행, 참회, 보상으로 설명합니다. 사람이 죄를 짓거나 악을 행했다면 선행과 고행과 참회와 보상으로 그 죄와 악행을 용서받을 수 있다고 설명합니다. 내가 지은 죄의 용서가 예수의 십자가 죽음과 관계가 있다고 말하지 않습니다. 관계가 있을 수 없기 때문입니다. 그런 말은 믿을 수가 없습니다. 그런데 성경은 구원을 그렇게 말합니다. 신의 지혜이기 때문에 그렇습니다.

　사람의 지혜가 아니라면 신의 지혜입니다. 다른 길은 없습니다. 신의 지혜가 있다면 신이 존재합니다. 신이 있어야 신의 지혜가 있을 수 있습니다. 그래서 신의 지혜는 신의 존재에 대한 증거입니다. 신의 지혜가 있다면 보이지 않고 들리지 않아도 신이 존재합니다. 호모 데우스는 그런 방법으로 신(神)을 확인할 수 있습니다. 신의 지혜를 발견하고 인정하는 것입니다. 신을 보여주거나 들려줄 수는 없습니다.(개인적 종교 체험은 가능합니다) 신의 모습을 촬영하거나 신의 음성을 녹음할 수는 없습니다. 실험이나 관찰로 증명할 수도 없습니다. 천국과 지옥의 물건을 가져올 수도 없습니다. 그러나 성경에서 인간의 지혜가 아닌 것을 발견할 수 있습니다. 그것을 신의 지혜로 인정한다면 신의 존재를 믿을 수 있습니다.

신의 지혜가 가진 문제

그런데 신의 지혜는 한 가지 심각한 문제를 가지고 있습니다. 그것은 사람 눈에 지극히 어리석게 보인다는 것입니다. 사람의 지혜로 볼 때 신의 지혜는 어리석기 짝이 없습니다. 아주 어리석게 보입니다. 그래서 믿을 수가 없습니다. 믿기 어렵고 믿고 싶지 않습니다. 이것이 신의 지혜가 가진 문제점입니다.

세종대왕에게 진지하게 컴퓨터를 설명한다면 왕을 희롱한다는 죄로 벌을 받을 것입니다. 이순신 장군에게 진지하게 항공모함을 설명한다면 지휘관을 능멸한다고 벌을 받을 것입니다. 조선시대 사람들을 모아 놓고 진지하게 서울의 고층 빌딩과 휴대폰 화상 통화를 설명한다면 혹세무민한다고 벌을 받을 것입니다. 수만 권에 해당되는 자료를 손바닥 크기의 기계에 저장한다니 그렇고, 배 한 척에 하늘을 나는 기계 수 백대를 싣고 다닌다고 하니 그렇고, 수십 층 건물에 모여 살면서 멀리 있는 사람들이 서로 얼굴을 보며 대화한다고 하니까 그렇습니다. 사실 설명 자체가 불가능합니다. 또 아무리 설명해도 이해할 수 없습니다. 계속 그런 말을 하면 정신병자 취급을 받을 것입니다.

창조주의 지혜를 피조물에게 설명하는 것이 그렇습니다. 원래 설명이 불가능한데 할 수 없이 설명하다 보니 지극히 어리석게 들리는 것입니다. 하나님의 본질에 대한 이야기가 그렇습니다. 사람이 본 적이 없는 우주와 인간의 창조에 대한 이야기가 그렇습니다. 영원한 나라와 영원한 생명에 대한 이야기가 그렇습니다. 세상의 종말에 대한 이야기가 그렇습니다. 설명 자체가 불가능하고 아무리 설명해도 이해할 수 없는 이야기들입니다. 상상조차 불가능한 그런 이야기를 진지하게 하니까 어리석게 들리는 것입니다. 사람이 보기에 성경에 기록된 하나님의 지혜가 그렇습니다.

"세상이 자기의 지혜를 통해서는 하나님을 알지 못하게 하신 것이 하나님의 지혜입니다. 그래서 하나님께서는 우리가 전하는 어리석어 보이는 말씀 선포로 믿는 사람들을 구원하기를 기뻐하셨습니다."(고린도전서 1:21)
"하나님의 어리석음이 사람의 지혜보다 더 지혜로우며, 하나님의 약함이 사람의 강함보다 더 강합니다."(고린도전서 1:25)

이 책은 하나님의 지혜 4가지를 소개합니다. 그것은 하나님의 본질에 대한 이야기와, 하나님이 세상과 인류를 창조하셨다는 이야기와, 죄의 용서와 영원한 생명이 있다는 이야기와, 역사의 종말과 마지막 심판이 있다는 이야기입니다. 이것을 신학적 용어로 삼위일체론, 창조론, 구원론, 종말론이라고 합니다.

그런데 사람의 지혜로 보면 삼위일체론은 비논리의 극치입니다. 창조론은 말장난 같습니다. 구원론은 비합리적인 이야기일 뿐입니다. 종말론은 상상력이 풍부한 소설입니다. 도대체 확인할 수 없는 이야기들입니다. 사람의 눈으로 볼 때 하나님의 지혜는 낯설고 일방적이고 비합리적이고 불가능합니다. 어리석고 미련하게 보입니다. 그 이유는 하나님의 지혜가 사람의 지혜와 근본적으로 다르기 때문입니다. 사람의 지혜와 짐승의 지혜가 다른 것처럼 말입니다.

첫째, 하나님의 지혜는 영원하고 전지전능하신 창조주의 지혜입니다. 반면에 사람의 지혜는 일시적이고 유한한 피조물의 지혜입니다. 모든 것을 알고 모든 것을 할 수 있는 존재의 지혜와, 모든 것을 알 수 없고 모든 것을 할 수 없는 존재의 지혜는 다를 수밖에 없습니다. 유한이 무한을 품을 수는 없습니다.

둘째, 하나님의 지혜는 죄로 물들지 않은 거룩한 지혜입니다. 반면에 사람의 지혜는 죄로 물든 속된 지혜입니다. 죄로 물든 지혜로 거룩한 지혜를 보니까 어리석게 보이는 것입니다. 하나님은 사람을 보시고 '너는 죄인이다'라고 하십니다. 그래서 하나님의 지혜는 사람의 죄를 사하시는 방향으로 작용합니다. 사람은 그런 하나님께 '무슨 소리냐, 내가 왜 죄인이냐?'라고 반항합니다. 늘 선악과의 영향 아래 사는 인간에게 하나님의 거룩한 지혜는 어리석게만 보입니다.

셋째, 하나님의 지혜는 영원을 지향합니다. 하나님은 사람의 영원한 생명과 영원한 상급에 관심을 두십니다. 그래서 하나님의 지혜는 그런 방향으로 사람을 인도합니다. 그러나 사람은 영원한 생명이 불가능하다고 생각합니다. 영원한 상급 같은 것은 없다고 믿습니다. 이 세상에서 사는 동안이나 잘 먹고 잘 입고 건강하게 살기를 원합니다. 그러니 하나님의 지혜가 어리석게 보이는 것입니다.

하늘이 땅보다 높음 같이 하나님의 생각은 사람의 생각보다 높습니다. 하나님은 사람이 한 번도 경험한 적이 없는 것을 말씀하십니다.(창조론, 종말론) 사람의 지혜로는 생각할 수 없는 것을 말씀하십니다.(삼위일체론, 구원론) 그런 말씀들이 사람의 지혜로 볼 때 미련해 보이는 것입니다. 수백 년 전 조선시대 사람들에게 지금의 고속철을 소개하면 아주 어리석은 이야기로 들릴 것입니다. 수백 명이 2시간 만에 서울에서 부산까지 가는 일은 절대 불가능하기 때문입니다.

예수님 당시 유대인들은 십자가 사건을 미련한 것으로 생각했습니다.(고린도전서 1:18, 23) 하나님의 구원 계획을 어리석은 말로 들은 것입니다. 그것이 사람의 상식을 초월하는 방법이었기 때문입니다. 사람은 그런 식의 구원을 생각해 내지 않습니다. 생각해 낼 수 없습니다. 그러나 비단 구원론만 그런 것이 아닙니다. 사람들은 삼위일체론, 창조론, 종말론 등 하나님의 지혜에 속하는 모든 말씀을 미련한 것으로 여깁니다. 사람의 지혜로는 도저히 이해할 수 없기 때문입니다.

그러나 하나님의 지혜가 어리석게 보이는 것은 인간의 착각입니다. 인간의 상상을 초월하기 때문에 그렇게 보이는 것입니다. 사람의 지혜가 감당할 수 없기 때문에 그렇게 보이는 것입니다. 우주가 돌아가는 소리가 너무 커서 사람 귀에 들리지 않는다는 말처럼 말입니다. 사람의 것이 아닌 지혜가 성경에 계시되어 있습니다. 그것이 하나님이 존재하신다는 증거입니다. 사람의 지혜가 아니라면 신의 지혜일 수밖에 없습니다. 이 사실을 믿는 사람에게 복이 있습니다. 그 복은 모든 죄를 용서 받고 영원히 사는 복입니다.

하나님의 이름

　사람의 이름은 부모가 지어줍니다. 그래서 자신의 뜻이 반영된 것이 아니라 부모의 뜻이 반영된 이름입니다. 그렇지만 사람이 20-30대에 개명을 한다면, 그때는 자신의 뜻이 반영된 이름이 분명합니다. 운동선수가 20대에 홍길동에서 '홍국대'로 개명한다면 국가대표로 올림픽에 나가고 싶다는 뜻일 것입니다. 사업하는 사람이 30대에 홍길동에서 '홍재벌'로 개명한다면 사업에서 성공하고 싶다는 뜻일 것입니다.

　하나님은 시내 산에서 모세를 불러 사명을 주셨습니다. 이집트에서 노예 생활을 하는 이스라엘 백성을 구하라는 사명입니다. 그 때 모세는 하나님의 이름을 물어봅니다. 이스라엘 백성에게 가서 '바로 이 신(神)이 나를 보내셨다'라고 말하려고 했던 것입니다. 그때 하나님은 모세에게 '나는 스스로 있는 자니라'고 말씀하십니다.(출애굽기 3:14) 여기에서 하나님의 히브리어 이름 '야웨'(*Yahweh*)가 나왔습니다.

야웨의 뜻은 '존재자'입니다. 왜냐하면 야웨라는 이름의 어근이 '있다, 존재하다'라는 뜻이기 때문입니다. 야웨는 하나님이 스스로 밝히신 자신의 이름입니다. 하나님은 자신의 '존재함'을 정말 강조하고 싶으셨던 것입니다. 하나님은 자신의 살아있음을 사람들이 알기 원하셨습니다. 그래서 자신의 이름을 '존재자'로 밝히신 것입니다. 엄격하게 말하면 야웨는 하나님의 이름이라기보다 하나님의 살아계심을 밝히신 것입니다.

※ 야웨: 구약성경에 '나는 여호와다 이것이 내 이름이다'라는 말씀이 있다.(이사야 42:8) 여기서 알 수 있듯이 하나님의 이름은 '여호와'다. 원래 히브리어 발음은 '야웨'였을 것이라고 추정한다. 히브리어 단어는 어근에서 파생되는데 어근마다 뜻이 있다. 야웨의 어근은 '하야'(hayah)인데 '있다, 존재하다'(to be, to exist)라는 뜻이다. '존재하다'라는 어근에서 야웨라는 이름이 생겨난 것이다. 그래서 야웨의 뜻에 대한 가장 보편적인 설명은 '그는 존재하신다'라는 것이다. 이를 신의 이름에 어울리게 번역한다면 '존재자' 정도가 된다. 그래서 앞에서 인용한 '나는 여호와다 이것이 내 이름이다'라는 말씀은 '나는 존재자다 이것이 내 이름이다'라는 의미가 된다.

하나님의 이름은 하나님의 존재하심을 강조합니다. 야웨라는 이름이 그렇습니다. 하나님은 자신의 이름을 통해 자신의 존재를 강조하십니다. 야웨라는 이름은 우연히 생긴 게 아닙니다. 아주 중요한 사실을 계시하기 위해 특별히 선택된 이름입니다. 하나님의 존재하심을 밝히는 이름입니다. 하나님의 존재 여부가 성경의 참과 거짓을 결정하기 때문입니다.

만약 하나님이 존재하신다면 성경은 참입니다. 정말 신의 지혜입니다. 반대로 만약 하나님이 존재하지 않으신다면 성경은 거짓입니다. 거대한 사기입니다. 이렇게 하나님의 존재 여부가 성경의 진리 여부를 결정합니다. 그래서 하나님은 자신의 이름을 야웨라고 계시하셨습니다. '나는 존재한다. 그래서 성경은 참된 진리다'라고 선포하신 것입니다.

구약성경 에스겔서에 '사람들이 내가 여호와인 줄 알게 될 것이다'라는 말씀이 58번 나옵니다. 이는 '사람들이 내가 틀림없이 존재한다는 것을 알게 될 것이다'라는 의미도 됩니다. 하나님의 살아계심을 믿을 수 있는 길이 있습니다. 성경에 나타난 하나님의 지혜를 아는 것입니다. 하나님의 지혜를 알면 하나님을 믿을 수 있습니다. 하나님을 믿으면 죽음의 문제를 해결할 수 있습니다. 영원한 생명을 얻기 때문입니다. 하나님의 존재 여부가 이렇게 중요합니다.

※ 요청적 유신론 - 요청적 유신론이라는 말이 있다. 인간이 필요에 의해서 신을 만들었다는 말이다. 성경의 하나님은 결코 요청적 유신론의 결과가 아니다. 스스로 존재하시는 하나님이 자신의 존재를 인간에게 계시한 것이다. 이 사실을 하나님의 지혜를 통해 알 수 있다. 하나님은 태초 이전부터 종말 이후까지 영원히 존재하신다. 그리고 역사를 결정하시고 인간의 모든 일을 섭리하신다. 성경은 처음부터 끝까지 이 사실을 강조한다. 하나님의 존재하심을 믿는 사람이 참으로 지혜로운 사람이다.

한 분이 세 분이 한 분

2장

하나님의 본질

하나님의 첫 번째 지혜를 소개합니다. 그것은 '삼위일체 하나님'이라는 지혜입니다. 성경의 하나님은 삼위일체 하나님이십니다. 하나님의 본질이 그렇습니다.

삼위일체는 기독교 신학 용어로 성경의 하나님을 의미합니다. 하나님의 본질이 삼위일체라는 뜻입니다. 여기서 삼위(三位)는 성부, 성자, 성령을 의미하며 일체(一體)는 한 분이심을 뜻합니다.

성경의 하나님은 창조주이시고 심판주이십니다. 역사를 주관하십니다. 유일하시고 무한하시며 영원히 존재하시며 거룩하십니다. 전지전능하시고 모든 곳에 계시며 모든 것을 십리하십니다. 사람의 죄를 사하시고 사람에게 영원한 생명을 주십니다. 그리고 사람 안에 거하시며 사람을 거룩한 삶으로 인도하십니다.

그런데 하나님은 그런 자신을 성부(聖父), 성자(聖子), 성령(聖靈)의 모습으로 계시하십니다. 이를 신학적 용어로 세 위격이라고 합니다. 성부는 하늘나라에 계시는 창조주 하나님이십니다. 역사를 주관하시고 만물을 섭리하십니다. 성자는 이 세상에 인간으로 오신 예수 그리스도입니다. 십자가에서 돌아가시고 사흘 후 부활하셨습니다. 성령은 성부(하나님)와 성자(예수 그리스도)의 영이십니다. 영의 모습으로 이 세상에 오셔서 교회와 성도의 삶을 인도하십니다.

그런데 이 세 위격의 본질이 하나입니다. 성부, 성자, 성령이 동일한 본질과 동일한 신격을 가지고 있다는 뜻입니다. 그러므로 삼위일체는 '성부, 성자, 성령이라는 세 위격(位格)이 한 본질(本質)이시다'라는 뜻입니다. 쉽게 말하면 '성부, 성자, 성령이 한 분이시다'라는 말입니다. 이를 가볍게 표현한 것이 '한 분이 세 분이고 세 분이 한 분'입니다. 교회는 이 성부, 성자, 성령 하나님을 삼위일체론이라는 교리로 확립했습니다.

성부, 성자, 성령은 분명히 따로 존재하십니다. 그리고 그 모습과 행함이 다릅니다. 그래서 세 존재라는 생각이 듭니다. 그런데 성경은 한 분이라고 합니다. 설명이 어렵고 그래서 이해하기 어렵습니다. '세 위격 속의 한 본질'이라는 신학적 용어 자체가 어렵습니다.

※ 삼위일체 하나님: 기독교의 하나님은 삼위일체(三位一體, Trinity) 하나님이시다. 하나님은 세 위격(位格, Person)과 한 본질(本質, Substance)을 가지신다. 세 위격은 성부, 성자, 성령을 의미하며, 한 본질은 동일한 신격을 의미한다. 위격은 라틴어 '페르조나'(*persona*)에서 온 말이며, 본질은 라틴어 '서브스탄티아'(*substantia*)에서 온 말이다. 삼위일체는 성부, 성자, 성령이라는 세 위격이 한

본질을 가진 하나님이시라는 뜻이다. 라틴어 트리니타스(*trinitas*, triad, three-ness)에서 영어 트리니티(Trinity)가 유래했다. 성경에 삼위일체라는 용어는 등장하지 않는다.

삼위일체를 영어로 '트리니티'(Trinity)라고 합니다. 이 트리니티를 자신도 모르게 알고 있는 사람들이 있습니다. 영화 〈매트릭스〉(Matrix, 1999년) 때문입니다. 매트릭스는 인공지능이 지배하는 가상현실입니다. 그 속에서 인간들은 진정한 현실을 인식하지 못하고 기계의 노예처럼 살아갑니다. 그런데 이 매트릭스에 저항하는 소수의 인간들이 있습니다. 이것이 영화 〈매트릭스〉의 큰 줄거리입니다.

이 영화의 여주인공 이름이 트리니티입니다. 삼위일체라는 뜻인데 그 의미는 이렇습니다. 여주인공 트리니티는 매트릭스에 저항하는 한명의 행동대장입니다. 트리니티는 남자 주인공 네오, 그리고 또 다른 행동대장 모피어스와 힘을 합쳐 기계와 싸웁니다. 결국 여주인공의 이름 트리니티는 세 명의 지도자들이 하나가 되어 싸운다는 뜻입니다. 다행이라면 다행입니다. 삼위일체의 내용이 어려운데 영어이긴 하지만 용어라도 친숙하니 말입니다.

기독교 신앙의 중심은 신론(神論)에 있습니다. 그 신론의 핵심이 삼위일체론입니다. 그 말은 곧 삼위일체론이 기독교 신앙의 핵심이라는 뜻입니다. 삼위일체론은 기독교 교리의 중심입니다. 그러므로 이에 대한 바른 이해가 필수적입니다. 그런데 성경은 이렇게 중요한 교리를 난해하고 복잡한 삼위일체론으로 선포합니다. 교회는 그것을 신앙의 핵심으로 지킵니다. 하나님의 실제 본질이 그렇기 때문입니다. 삼위일체론은 사람이 생각해 낸 것이 아닙니다. 하나님의 본질을 사람의 언어로 설명한 것일 뿐입니다. 사람의 지혜가 아니라 하나님의 지혜입니다. 그래서 설명이 난해하고 복잡한 것입니다. 하나님의 본질은 사람의 이성과 경험을 초월합니다. 삼위일체론이 그렇습니다.

삼위일체 하나님을 볼 수 있는 대표적인 말씀은 아래와 같습니다.

"예수님께서 세례를 받으시고 물 밖으로 나오시자, 하늘이 열렸습니다. 예수님은 하나님의 성령이 비둘기처럼 자신에게 내려오는 것을 보셨습니다. 그 때, 하늘로부터 '이는 내 사랑하는 아들이며, 내가 기뻐하는 아들이다'라는 소리가 들려왔습니다."(마태복음 3:16-17)

"내가 너희에게 보낼 보혜사, 곧 아버지께로부터 오시는 진리의 성령이 오시면, 그가 나에 관해 증언하실 것이다."(요한복음 15:26)

"하나님께서 예수님을 높은 곳에 올려 하나님 오른편에 앉히자, 예수님은 하나님 아버지께서 약속하신 성령을 받아, 지금 여러분이 보고 들은 것처럼 우리에게 부어 주셨습니다."(사도행전 2:33)

비판적인 시각으로 볼 때 삼위일체론은 당연히 비논리적입니다. 분명히 세 분으로 존재하시는데 한 분이라는 것입니다. 확실히 한 분이라고 하는데 세 분으로 존재하십니다. 이렇게 비논리적인 하나님을 강조하는 이유는 그것이 진실이기 때문입니다. 하나님의 본질이 그렇습니다.

사람은 사람의 지혜로 충분히 납득할 수 있는 신을 만들어 냅니다. 인간의 모습을 닮은 신입니다. 그리스-로마 신화에 나오는 신들입니다. 그래야 설명이 쉽고 이해가 쉽습니다. 인간은 그런 신을 만듭니다. 삼위일체 하나님은 사람의 지혜로 생각해 낸 신이 아닙니다. 성경이 그런 하나님을 소개하는 이유는 하나님이 그런 분이시기 때문입니다. 삼위일체 하나님은 분명히 하나님의 지혜입니다.

신의 본질을 인간의 언어로 설명할 수는 없습니다. 사람은 애초에 신의 본질을 온전히 이해할 수 없습니다. 그것은 마치 사람이 태양을 품에 안을 수 없는 것과 같습니다. 사람은 그저 태양의 존재를 인식하면서 태양의 도움을 받고 살 뿐입니다. 사람은 삼위일체 하나님을 제대로 이해할 수 없습니다. 그러나 그런 하나님을 믿고 신으로 고백할 수는 있습니다. 삼위일체론은 낯설고 어려운 개념이지만 구원의 틀 안에서 설명할 수 있습니다. 그렇게 이해할 때 삼위일체론은 진정한 신앙의 신비로 다가옵니다.

믿음으로 이해

　신학대학원에 다닐 때 성서신학을 전공했습니다. 그래서 조직신학 과목은 들을 필요가 없었습니다. 그렇지만 유일하게 조직신학 과목 하나를 정식으로 수강했는데 바로 '삼위일체론 세미나'였습니다. 삼위일체론을 이해하고 싶었기 때문입니다. 독일에서 공부한 조직신학박사의 지도 아래 삼위일체론을 신학대학원에서 배웠습니다. 한 번에 3시간씩 14번의 강의를 듣고 리포트까지 제출했습니다. 그렇지만 학기가 끝난 후 여전히 삼위일체론을 이해할 수 없었습니다. 그 이후 오래 동안 삼위일체론 이해를 포기하고 지냈습니다.

　이렇게 사람의 지혜로는 삼위일체론을 이해하기 어렵습니다. 삼위일체론이 인간의 이성과 논리적 설명을 넘어서기 때문입니다. 사람의 지혜로 보면 성부, 성자, 성령에 대한 성경 말씀에 논리적 일관성이 없습니다. 그리고 '세 위격에 한 본질'이라는 신학적 설명은 '한 분이 세 분이고 세 분이 한 분이다'라는 식으로 들립니다. 무슨 소린지 당최 이해할 수 없습니다.

삼위일체론은 성경의 하나님을 정리하다보니 그렇게 된 것입니다. 성경의 가르침을 따르다보니 이상한 논리의 교리가 생겨난 것입니다. 사람이라면 이렇게 하지 않습니다. 성부 하나님이 모든 걸 주관하는 유일신으로 꾸밉니다. 성자 예수는 하나님이 세상에 보낸 예언자 정도로 만듭니다. 성령은 하나님이 성자를 돕기 위해 보내신 천사장 정도로 꾸밉니다. 굳이 삼신(三神)이 필요하다면 성부가 1인자, 성자가 2인자, 성령이 3인자 이런 식으로 조합합니다. 위격은 다르지만 본질은 같다는 식으로 어려운 신학적 용어를 만들어 낼 이유가 없습니다. 한 분이 세 분인데 그 세 분이 한 분이라는 식으로 억지를 부릴 이유가 없습니다.

사람의 지혜는 삼위일체 하나님을 만들지 않습니다. 그런 하나님을 생각해 낼 수도 없고 또 만들 필요도 없습니다. 경험할 수도 없고 이해할 수도 없기 때문입니다. '한 분이 세 분이 한 분인 신'을 본 적도 들은 적도 경험한 적도 없습니다. 그래서 사람의 지혜로는 삼위일체 하나님에 대한 상상조차 불가능합니다.

사람이 만든 종교는 이상한 하나님을 소개하면서 이해할 수 없는 교리를 만들 리가 없습니다. 핵심 교리를 그렇게 무(無)논리와 비(非)논리로 얼버무릴 이유가 없습니다. 자신도 이해할 수 없는 것을 가지고 다른 사람을 설득할 수는 없기 때문입니다. 그래서 삼위일체론은 신의 지혜입니다. 삼위일체 하나님은 다른 종교에 없습니다. 기독교 외에 삼위일체 하나님을 주장하는 종교가 없습니다. 사람이 만든 종교는 절대 삼위일체 하나님을 만들어 낼 수 없습니다.

미국 건국의 아버지라고 불리는 토머스 제퍼슨(Thomas Jefferson, 1743-1826)이 이런 말을 했습니다. '도무지 이해하기 어려운 기독교 수학의 특수 용어, 곧 하나가 셋이며 셋이 하나라는 허튼소리를 집어치울 때, 예수 그리스도라는 단순한 건물을 시야에서 가리기 위해 일부 집단이 인위적으로 가설한 비계를 걷어찰 때, 지금까지 배웠던 모든 것을 다시 배울 때, 그리스도가 가르쳤던 단순하고 순수한 가르침으로 돌아갈 때, 그때야 비로소 우리가 그리스도의 진실한, 제 구실을 하는 제자가 될 것이다.'(『하루 만에 꿰뚫는 기독교 진리』, 맥스 앤더스, 배응준 옮김, 규장, 2007, 83에서 재인용)

삼위일체론을 초대교회의 허튼소리라고 한 것입니다. 예수 그리스도의 진실을 가리는 인간의 헛된 노력으로 평가한 것입니다. 제퍼슨이 이렇게 말한 이유는 삼위일체론이 하나님의 지혜에 속하는 것이기 때문입니다. 하나님의 지혜를 인간의 지혜로 보면 누구나 제퍼슨같이 반응하게 됩니다. 하나님의 지혜가 인간의 이성을 초월하기 때문입니다. 그래서 성경에 '세상이 자기의 지혜를 통해서는 하나님을 알지 못하게 하신 것이 하나님의 지혜입니다'라는 말씀이 있습니다.(고린도전서 1:21)

하나님의 지혜는 믿음으로 이해하는 것입니다. 삼위일체론이 하나님의 계시임을 믿을 때 그 내용을 이해할 수 있습니다. 삼위일체론은 인간의 구원을 위한 하나님의 필수적인 선택이었습니다. 사람의 죄를 용서하고 사람에게 영원한 생명을 주기 위해서는 이 방법 밖에 없었습니다. 삼위일체론은 구원의 관점에서 이해해야 합니다. 그렇게 볼 때 삼위일체론은 진정한 은혜가 됩니다.

구원의 주체

   왜 삼위일체 하나님일까요? 왜 삼위일체 하나님이어야만 할까요? 그이유는 인간의 구원 때문입니다. 엄마와 아빠가 있어야 아기가 태어납니다. 엄마-엄마, 아빠-아빠는 백만 쌍이 있어도 아기가 태어날 수 없습니다. 그런 것처럼 성부, 성자, 성령이 있어야 인간의 구원이 가능합니다. 이 중에 한 위격이라도 없으면 구원은 불가능합니다. 성경이 말하는 구원은 죄 사함과 영원한 생명입니다. 그런데 오직 삼위일체 하나님만이 이 구원을 가능케 하십니다.

   인간의 죄 사함과 영원한 생명을 위해서는 세 위격이 필수적입니다. 삼위일체론은 하나님을 신비롭게 포장하기 위한 신학적 꾸밈이 아닙니다. 하나님의 구원 계획을 바르게 정리한 결과입니다. 삼위일체 하나님이시기 때문에 구원이 가능합니다. 구원을 위해서는 성부, 성자, 성령 세 위격이 반드시 필요합니다.

신약성경 곳곳에서 삼위일체 하나님을 확인할 수 있습니다. 이 삼위일체 하나님이 구원의 절대적 주체이십니다. 구원은 오직 삼위일체 하나님의 은혜와 능력으로 주어지는 것입니다. 이 외에 다른 길은 없습니다. 오직 삼위일체 하나님만이 인간의 죄를 사하시고 영원한 생명을 허락하십니다.

※ 신약성경의 삼위일체 구절: 마태복음 28:19, 요한복음 14:16, 26, 15:26, 사도행전 2:33, 5:31-32, 10:38, 로마서 15:19, 30, 고린도후서 1:21-22, 3:3-6, 13:13, 갈라디아서 3:14, 에베소서 1:8-14, 디도서 3:5-7, 히브리서 9:14, 베드로전서 1:2, 요한일서 2:22-27, 5:5-8, 유다서 1:20-21, 요한계시록 2:27-29, 3:5-6, 12-13, 21-22

유대교가 기독교의 뿌리임에도 불구하고 유대교인은 영생을 얻을 수 없습니다. 그 이유는 그들이 삼위일체 하나님을 모르기 때문입니다. 그들은 오직 성부 하나님만 알고 믿습니다. 그들은 예수 그리스도를 하나님의 아들로 인정하지 않습니다. 그 결과 성령의 존재 역시 모르게 되었습니다. 그래서 그들에게는 구원과 영생이 없는 것입니다. 유대교와 기독교는 다른 종교입니다.

성자를 인정하지 않으면 성부까지 잃어버립니다.(요한복음 14:6, 요한일서 2:22-23) 성부와 성자는 한 분이시기 때문입니다.(요한복음 10:30, 14:7) 그리고 성자를 거부하면 성령을 알 수 없습니다. 성자께서 성령을 약속하시기 때문입니다.(요한복음 14:26, 16:7, 13, 20:22) 그리고 성령을 모르면 성자를 모르게 됩니다. 성령께서 성자를 증언하시기 때문입니다.(요한복음 15:26) 사람

은 성령을 통해서 예수를 주로 고백합니다.(고린도전서 12:3)

유대교는 성령을 모름으로써 성자를 모르고 성자를 모름으로써 성부까지 모르게 되었습니다. 참된 하나님을 잃어버리게 된 것입니다. 하나님이 그들을 버리신 게 아니라 그들이 하나님을 거부했습니다. 그래서 유대교는 기독교의 뿌리임에도 불구하고 구원이 없는 것입니다. 만약 그들이 모세를 진정으로 알았더라면 예수를 하나님의 아들로 받아들였을 것입니다.(요한복음 5:45-47) 죄 사함과 영원한 생명은 오직 삼위일체 하나님을 믿는 자만이 얻을 수 있습니다.

하나님의 구원은 인간의 타락과 함께 시작되었습니다. 하나님은 아담과 하와를 에덴동산에서 쫓아내시면서 가죽옷을 지어 입혀주셨습니다. 생명나무를 없애지 않고 그룹들과 두루 도는 불 칼로 지키게 하셨습니다. 아담과 하와가 자식을 얻도록 도우셨습니다. 노아 홍수 후에는 또 다시 물로 인간과 생물을 멸하지 않을 것을 약속하셨습니다. 땅이 있는 동안 삶이 계속될 것을 약속하셨습니다. 그리고 노아의 후손들이 세상에 번성하도록 하셨습니다. 이 모든 일이 하나님의 구원 활동에 속합니다.(창세기 3-10장 참고)

하지만 하나님의 본격적인 구원 계획은 아브라함과 함께 시작되었습니다. 아브라함을 선택해 이스라엘 민족을 이루게 하셨습니다. 그 후손들로 '하나님의 백성, 제사장 나라, 거룩한 백성이' 되게 하셨습니다. 그리고 하나님을 섬기게 하시고 메시아를 기다리게 하셨습니다. 그렇게 구원의 토대를 마련하신 후에 결정적인 일을 행하십니다. 하나님이 직접 이 세상에 오신 것입니다. 하나님은 두 번 이 세상에 오셨습니다. 한 번은 육신으로 오시고 한 번은 영으로 오셨습니다. 나사렛 예수와 성령이십니다.

하나님께서 이 세상에 두 번 오시지 않았다면 인간의 구원은 불가능합니다. 죄 사함과 부활이 없기 때문입니다. 나사렛 예수의 십자가 사건이 있어야 죄 사함과 부활이 가능합니다. 그리고 성령의 도우심이 없으면 이 사실을 믿을 수 없습니다. 인간의 이성으로는 나사렛 예수가 하나님이시라는 것을 믿을 수 없습니다. 죄 사함과 부활도 믿을 수 없습니다.

성령의 도움이 있어야 나사렛 예수가 태초부터 존재하신 하나님이시라는 것을 믿을 수 있습니다.(요한복음 1:1, 2, 8:58, 요한일서 1:1, 2:13, 14) 죄 사함과 부활도 믿을 수 있습니다. 하나님이 성령으로 이 세상에 오신 이유는 나사렛 예수가 하나님이심을 믿도록 도와주시기 위해서였습니다.

삼위일체 하나님은 각 위격의 사역을 돕고 보완하십니다. 그렇게 하심으로써 부활과 영생이라는 구원 계획을 이루시는 것입니다. 그런 의미에서 삼위일체론은 하나님의 본질에 대한 신학적 주제인 동시에 인간의 구원에 관한 신학적 주제입니다. 삼위일체론을 그렇게 이해할 때 바르게 이해할 수 있습니다.

"하나님께서는 나사렛 사람인 예수님에게 성령과 능력으로 기름 부으셨습니다. 그분은 두루 다니시면서 선한 일을 하셨고 귀신에 사로잡힌 사람들을 고쳐 주셨습니다. 이는 하나님께서 예수님과 함께 계셨기 때문입니다."(사도행전 10:38)

삼위일체 하나님은 결국 사람의 구원을 위한 것입니다. 삼위일체론은 타락한 인간의 구원을 위한 필연적 귀결입니다. 사람은 스스로 자신을 구원해 영원한 생명을 줄 수 없습니다. 그래서 하나님(성부)께서 인간의 몸으로 이 세상에 오셔서 죄를 사해 주실 수밖에 없었습니다.(성자) 이 사실을 믿게 하려고 하나님께서 다시 한 번 영으로 이 세상에 오셨습니다.(성령) 그런 의미에서 삼위일체론은 진정한 은혜의 출발점입니다. 신앙의 신비입니다. 하나님은 인간의 구원과 영원한 생명을 위해 삼위일체의 모습을 취하실 수밖에 없었습니다. 위에서 인용한 사도행전 10:38이 이에 대한 대표적인 말씀입니다.

하늘 보좌에 앉으신 하나님, 육신으로 이 세상에 오신 하나님, 영으로 이 세상에 오신 하나님이 구원을 이루십니다. 성부, 성자, 성령 삼위일체 하나님이 협력하여 인간의 구원을 이루십니다. 하나님께서 쉬지 않고 일하신 결과 인간이 구원을 받습니다.(요한복음 5:17, 고린도후서 11:2, 에베소서 3:20, 빌립보서 1:6) 하나님께서 그렇게 일하시는 이유는 인간에 대한 지극한 사랑 때문입니다.(에베소서 3:18-19) 하나님의 사랑을 믿고 그 뜻에 순종하는 자는 하나님의 자녀가 됩니다. 하늘나라 백성이 됩니다. 그리고 마지막 날에 영원한 생명과 상급을 받습니다. 부활의 몸을 가지고 부활의 나라에서 영원히 삽니다. 삼위일체 하나님께서 이 일을 이루십니다.

"그러므로 우리 모두는 그리스도를 통해 한 성령 안에서 아버지께로 나아갈 수 있게 되었습니다. 이제 여러분은 더 이상 낯선 나그네나 손님이 아닙니다. 이제는 하나님이 거룩한 백성으로 하늘의 시민이요, 가족입니다."(에베소서 2:18-19)

인간은 스스로 죄를 사할 수 없습니다. 스스로 부활할 수 없습니다. 스스로 영원한 생명을 얻을 수 없습니다. 인간의 지혜로는 하나님의 구원 계획을 깨달을 수 없고 믿을 수 없습니다. 이 모든 일이 삼위일체 하나님의 은혜가 있어야 가능합니다. 인간은 그저 하나님의 초대에 감사로 응할 뿐입니다. 구원에 관한 모든 일을 하나님께서 계획하고 이루십니다. 구원의 주체는 철저하게 삼위일체 하나님이십니다. 구원은 오직 삼위일체 하나님의 은혜와 능력으로 주어집니다.

구원을 위해 인간이 해야 할 일이 있습니다. 삼위일체 하나님을 믿고 그 뜻에 순종하는 것입니다. 이를 계시에 대한 믿음과 말씀에 대한 순종이라고 할 수도 있습니다. 아무리 하나님의 구원 계획이 신비롭다 해도 아무나 구원을 받는 것은 아닙니다. 오직 하나님을 믿고 그 뜻에 순종하는 자가 구원을 받습니다.

하나님의 은혜

학자들이 영국에서 열린 비교종교학 회의에서 기독교 신앙의 독특한 점에 관한 논의를 했습니다. 기독교에만 있고 다른 종교에는 없는 점을 발견하려고 했던 것입니다. 학자들은 쉽게 결론을 얻지 못했고 장시간 논쟁이 계속 되었습니다. 나중에 이 질문을 들은 C. S. 루이스가 '그것은 은혜입니다'라는 대답을 했고 학자들이 그 말에 동의했습니다.(『종교 없음』, 제임스 화이트, 김일우 역, 베가북스, 2014, 199-200쪽)

"하나님께서는 우리 구주 예수 그리스도를 통해 우리에게 이 성령을 풍성히 부어 주셔서, 우리가 하나님과 올바른 관계를 맺게 하셨습니다. 이 모든 것이 하나님의 은혜입니다."(디도서 3:6-7)

디도서 3:6-7은 모든 것이 삼위일체 하나님의 은혜라고 합니다. 그렇습니다. 모든 것이 삼위일체 하나님의 은혜입니다. 삼위일체 하나님이 모든 은혜의 근원이십니다. 사람은 하나님의 은혜로 인해 구원을 받습니다. 하나님의 은혜가 사람을 영생으로 인도합니다. 사람은 구원 받을 자격과 영생을 얻을 자격이 없기 때문입니다.

"여러분은 하나님의 은혜 안에서 믿음으로 구원을 받았습니다. 여러분 스스로는 자신을 구원할 수 없습니다. 구원은 하나님의 선물입니다."(에베소서 2:8)
"우리는 이제 하나님의 은혜를 받았습니다. 그 은혜는 모든 사람을 구원하시는 하나님의 사랑입니다."(디도서 2:11)

이 세상 모든 인간은 구원 받을 자격이 없는 죄인입니다. 선악과의 원죄를 가진 죄인입니다. 그런데 하나님은 그런 죄인을 사랑하셔서, 십자가 은혜를 통해 죄 사함과 영생을 얻을 수 있도록 하셨습니다. 그래서 구원이 하나님의 은혜입니다. 구원 받을 자격이 없는 존재가 구원을 받았기 때문입니다.

"여호와여, 만약 주께서 죄를 기록하셨다면, 주여, 누가 견뎌 낼 수 있겠습니까? 그러나 용서하심이 주께 있으니 사람들이 주를 두려워하며 높입니다."
(시편 130:3-4)

하나님이 사람의 죄를 기록하시면 견딜 수 있는 사람이 없다는 말씀입니다. 하나님은 그런 죄인을 용서하십니다. 그래서 사람들이 하나님을 두려

위하고 높입니다. 하나님의 은혜를 찬양하는 말씀입니다. 은혜의 큰 특징은 죄 사함에 있습니다. 인간의 죄를 용서하시는 것이 바로 하나님의 은혜입니다. 은혜가 아니라면 인간은 하나님께 지은 죄를 용서받을 수 없습니다.

대표적인 은혜는 예수 그리스도의 십자가 은혜입니다.

"마리아가 아들을 낳을 것인데, 이름을 예수라고 하여라. 그가 자기의 백성을 죄에서 구원해 낼 것이다."(마태복음 1:21)
"그리스도 안에서 우리는 그의 보혈로 자유함을 얻었습니다. 또한 하나님의 풍성한 은혜로 죄사함도 받았습니다."(에베소서 1:7)

예수께서 '인자가 온 것은 섬김을 받으려 함이 아니라 도리어 섬기려 하고 자기 목숨을 많은 사람의 대속물로 주려 함이니라'고 말씀하셨습니다.(마태복음 20:28) 사람의 구원을 위해 스스로 생명을 내 놓으셨다는 뜻입니다. 그 대속의 죽음으로 인해 모든 사람이 죄 사함을 받아 의롭게 되고 거룩해집니다. 히브리서 13:12에 '이와 같이 예수님도 성문 밖에서 고난을 당하셨습니다. 예수님께서는 자기 피로 그의 백성들을 거룩하게 하려고 죽으셨습니다'라는 말씀이 있습니다. 십자가 은혜에 대한 말씀입니다.

죄인을 먼저 사랑하시고 그를 위해 목숨 버리신 사랑, 즉 십자가의 사랑이 은혜 중의 은혜입니다. 그래서 사도 바울은 '내가 너희 중에서 예수 그리스도와 그가 십자가에 못 박히신 것 외에는 아무 것도 알지 아니하기로 작정하였음이라'고 말합니다. 복음을 전할 때 오직 십자가의 은혜만 전하기로 결심하였다는 말입니다. 바울은 복음의 핵심이 무엇인지 정확하게 알았습니다. 그래서 C. S. 루이스의 말이 옳습니다. 기독교에만 하나님의 은혜가 있습니다.

마태복음의 '포도밭 일꾼 비유'에서 하나님의 은혜를 잘 볼 수 있습니다.(마태복음 20:1-15) 비유의 주인은 일찍 일을 시작한 일꾼이나 늦게 일을 시작한 일꾼이나 똑 같은 일당을 줍니다. 오전 6시, 9시, 12시, 오후 3시, 5시에 일을 시작한 일꾼들이 모두 1데나리온을 받았습니다.(1데나리온은 일꾼의 하루 품삯) 일찍 일을 시작한 사람들은 상대적으로 손해를 보았다고 생각했습니다. 그래서 주인에게 불평했습니다. 그렇지만 늦게 일을 시작한 사람들은 주인의 은혜를 체험했습니다. 기대할 수 없었던 일당을 받은 것입니다. 이런 것이 은혜입니다.

하나님의 은혜는 짙은 구름과 같은 사람의 죄악을 안개와 같이 사라지게 합니다. 그리고 하나님은 그 죄를 기억하지 않으십니다. 그런 죄 사함의 정점이 예수 그리스도의 십자가 죽음과 성령 강림입니다. 십자가 사건과 성령 강림은 인간의 죄를 사하시고 영생을 주시려는 하나님의 은혜입니다. 이는 사람이 흉내 낼 수 없는 은혜입니다. 삼위일체 하나님의 은혜는 이렇게 사람의 은혜와 구별됩니다.

"이는 모든 것이 하나님께로부터 나왔고, 하나님의 보살핌으로 보존되며, 하나님의 영광을 위해 존재하기 때문입니다. 하나님께 영광이 영원토록 있기를 원합니다. 아멘."(로마서 11:36)

인간이 무언가를 하나님께 드렸기 때문에 하나님이 그 답례로 구원하시는 것이 아닙니다. 하나님이 무언가를 받고 죄 사함과 영생을 베푸시는 것이 아닙니다. 구원은 사람의 공로에 대한 보상이 아닙니다. 하나님의 자비로 인해 값없이 선물로 주시는 것입니다. 성경은 이 사실을 처음부터 끝까지 일관되게 강조합니다.

로마서 11:36이 이 사실을 찬양합니다. 이 말씀은 찬양의 정수(精髓)입니다. 간결하면서도 모든 것을 포함하는 찬양입니다. 이 말씀의 그리스어 원문은 '그로부터, 그를 통해, 그를 위해, 모든 것이 존재하기 때문입니다'라고 되어 있습니다. 여기서 그는 하나님이십니다. 로마서 11:36의 '모든 것이 그로부터, 그를 통해, 그를 위해 존재한다'는 말씀은 왜 하나님을 찬양해야 하는지 밝혀줍니다. 모든 것을 존재하게 하시고, 모든 것을 보살피시는 분이시기 때문입니다.

이 말씀은 찬양의 핵심은 물론이고 신앙의 핵심까지 포함하고 있습니다. 하나님이 인간과 만물을 존재하게 하십니다. 그 모든 것을 보살피십니다. 이 말씀은 '인간은 누구이며, 무엇을 위해 살아야 하며, 자연은 무엇이며, 무엇을 위해 있는지'를 밝혀줍니다. 로마서 11:36은 무척 간결합니다. 그렇지만 인간을 포함한 우주 전체의 존재 이유와 존재 목적을 밝혀줍니다.

사람은 이 말씀의 무게를 느끼고 그 의미를 깨닫고 살아야 합니다. 그것이 인간이 바로 사는 유일한 길입니다. 사람이 하나님의 판단을 평가할 수는 없지만 하나님의 판단을 따라 살 수는 있습니다. 하나님의 길을 전부 알 수는 없지만 하나님의 길을 따라 걸을 수는 있습니다. 그것이 진정 복된 삶입니다. 그런 사람은 하나님의 영광을 찬양합니다. 만물이 하나님으로 인해 존재하고 만물이 하나님을 위해 존재한다는 사실을 아는 사람은 하나님을 찬양합니다.

유일신

신의 존재와 관련해서 세상에는 다신론, 범신론, 일신론, 유일신론 등이 있습니다. 다신론은 신이 많다는 것입니다.(그리스-로마 신화, 인도, 일본 등) 범신론은 만물이 다 신이라는 것입니다. 일신론은 많은 신 가운데 하나만 믿는다는 것입니다. 유일신론은 신은 오직 한 분이시며 그 신만 믿는다는 것입니다.

세상에 많은 신들이 있습니다. 힌두교의 신은 3억 3천이라는 말이 있고, 일본에는 8백만이 있다고 합니다. 고대근동 신화에 많은 신들이 나오고 그리스-로마 신화에도 많은 신들이 등장합니다. 세계사에 등장한 신들의 이름만 적어도 상당한 분량일 것입니다. 사람의 지혜는 수많은 신을 필요로 합니다. 하나로는 턱없이 부족합니다. 그래서 가능한 한 많은 신을 상상합니다. 필요할 때마다 신을 만들어냅니다.

그러나 사실 오직 한 분의 신만 존재할 뿐입니다. 이것이 진실입니다. 세

신의 지혜 신의 존재

상에는 오직 한 분의 신만 존재합니다. 그 분이 삼위일체 하나님이십니다. 나머지는 다 가짜입니다. 상상의 산물일 뿐입니다. 아니면 악한 영들입니다. 세계 3대 유일신 종교가 있습니다. 유대교, 기독교, 회교입니다. 그렇지만 진정한 의미의 유일신 종교는 기독교뿐입니다. 왜냐하면 오직 삼위일체 하나님만이 참된 신이시기 때문입니다. 유대교는 예수를 거부함으로써 삼위일체 하나님을 놓쳤습니다. 회교는 구약과 신약을 조금 이용했을 뿐입니다. 역시 삼위일체 하나님을 모릅니다.

성경은 삼위일체 하나님의 존재하심과 더불어 유일하심을 강조합니다. 오직 하나님만 유일한 신이라고 합니다. 사람들이 신이라고 생각하고 믿는 그 어떤 것도 신이 아니라고 합니다. 이를 다르게 표현하면 하나님만이 참 신이시고 다른 신들은 모두 거짓 신이라는 말입니다. 이 세상의 유일신은 삼위일체 하나님이십니다. 그 외의 존재는 그 어떤 것도 신이 아닙니다.

"여호와께서 여러분에게 그 일들을 보여 주신 것은 여호와만이 하나님이요, 여호와 외에 다른 하나님은 없다는 것을 보여 주시기 위함이오." (신명기 4:35)
"이스라엘의 왕이신 여호와, 이스라엘을 구원하시는 만군의 여호와께서 이렇게 말씀하셨다. '나는 처음이요, 끝이다. 나밖에는 다른 신이 없다.'" (이사야 44:6)
"죽지 않으며 보이지 않는 오직 한 분이신 하나님, 영원히 다스리시는 우리 왕께 영광과 존귀를 돌립니다. 아멘" (디모데전서 1:17)

하나님의 유일하심을 강조하는 대표적인 말씀들입니다. 성경은 이렇게 하나님의 유일하심을 강조합니다. 그래서 하나님은 우상 숭배를 지극히 싫어하십니다. 신이 아닌 것을 신이라고 하고 거짓 신을 참 신이라고 하기 때문입니다. 십계명이 우상 숭배의 죄를 강조합니다. 십계명의 제1계명이 '너희는 나 외에는 다른 신들을 두지 마라'이며 제2계명은 '너희는 우상을 만들지 마라'는 것입니다. 하나님 외에 다른 어떤 것도 신으로 섬기지 말라는 명령입니다. 우상 숭배가 하나님께 대한 가장 큰 모독이기 때문입니다. 이 사실이 너무 중요해서 십계명의 제1, 2계명이 되었습니다.

"나 외에 다른 하나님은 없다. 나만이 의로운 하나님이며 구원자다. 나 외에 다른 하나님은 없다. 온 땅의 모든 사람들아, 내게 돌아와 구원을 받아라. 내가 하나님 이다. 다른 하나님은 없다."(이사야 45:21-22)

성경에는 우상 숭배를 금지하는 말씀이 수없이 많습니다. 하나님 외에 다른 신을 인정하고 섬기는 것이 가장 큰 죄입니다. 하나님은 이 죄를 무섭게 심판하십니다. 구약성경 에스겔 5:11에 '내가 맹세한다. 너희가 온갖 악한 우상과 역겨운 짓으로 내 성소를 더럽혔으므로 내가 더 이상 너희에게 자비를 베풀지 않을 것이다. 불쌍히 여기지도 않고 남겨 두지도 않을 것이나'라는 말씀이 있습니다. 우상 숭배에 대한 하나님의 진노를 볼 수 있는 말씀입니다.

"이스라엘아, 너희는 내 증인이며 내가 선택한 종이다. 내가 너희를 선택한 것은 나를 알고 믿게 하려는 것이며, 내가 참 하나님임을 깨닫게 하려는 것이다. 내 앞에 다른 하나님이 없었고, 내 뒤에도 다른 하나님이 없을 것이다. 내가 바로 여호와이다. 나 말고는 구원자가 없다."(이사야 43:10-11)

오직 유일신만이 하실 수 있는 말씀입니다. 이 유일하신 하나님이 만물을 창조하시고 역사를 주관하시며 인간을 구원하십니다. 그리고 최후의 심판을 집행하십니다.

"이제는 나만이, 오직 나만이 하나님임을 알아라. 나 말고 다른 신은 없다. 내가 생명과 죽음을 주었고 나만이 해칠 수도 있고 고칠 수도 있다. 아무도 나를 피하지 못할 것이다."(신명기 32:39)

하나님의 유일하심을 강조하면서 성경의 핵심을 요약한 말씀입니다. 인간의 지혜는 유일신을 생각하지 않습니다. 인간과 같은 신을 상상하기 때문에 많은 신을 생각합니다. 아시리아와 바빌로니아의 신들이 그랬습니다. 그리스와 로마의 신들이 그랬습니다. 힌두교의 신이 그렇습니다. 오직 성경만 특이하게 유일신을 주장합니다.(7세기에 시작된 회교는 성경을 참고) 성경의 유일신이 하나님의 지혜라는 증거입니다. 그 유일신이 바로 삼위일체 하나님이십니다.

유일신 삼위일체 하나님께서 인간에게 은혜를 베푸십니다. 그 은혜는 구원이라는 복입니다. 갈라디아서 3:14가 이를 잘 요약합니다.

"그리스도께서 그렇게 하신 것은 하나님께서 아브라함에게 약속하신 복이 이방인들에게도 미치게 하기 위함입니다. 이 복은 예수 그리스도를 통해 옵니다. 예수님은 우리로 하여금 하나님께서 약속하신 성령을 믿음으로 받게 하기 위해 죽으셨습니다."(갈라디아서 3:14)

세상과 인류의 시작을 설명

3장

이단도 피하는 창조 문제

하나님의 두 번째 지혜를 소개합니다. 그것은 창조에 대한 지혜입니다. 하나님께서 우주만물과 인간을 창조하셨습니다.

우주는 아주 크고 아주 오래 되었습니다. 현대과학은 우주의 나이를 138억년으로 봅니다. 인간의 수명을 기준으로 할 때 상상이 불가능한 연대입니다. 그리고 우주의 크기를 137억 광년이라고 합니다. 이것이 몇 km인지 계산조차 어렵습니다.(빛의 속도 300,000km × 60초 × 60분 × 24시간 × 365일 × 13,700,000,000년 = ?) 거기에 약 2조 개의 은하가 있다고 합니다. 그리고 각 은하마다 약 1천 억 개에서 1조 개의 별이 있다고 합니다. 이 역시 계산이 무의미합니다. 사람의 인지 능력을 초월하는 숫자입니다.

성경은 이렇게 크고 넓고 오래 된 우주를 하나님이 다 창조하셨다고 합니다. 그것도 말씀으로 창조하셨다고 합니다. 믿기 어려운 사실입니다. 그렇지만 성경은 아주 단호합니다. 성경은 처음부터 하나님이 말씀으로 온 우주

만물을 창조하셨다는 사실을 강조하고 또 강조합니다.

"그 때에 하나님께서 말씀하셨습니다. '빛이 생겨라!' 그러자 빛이 생겼습니다."(창세기 1:3)

"주님께서 말씀하시니, 세상이 생겨났고, 주님께서 명령하시니, 세상이 나타났습니다."(시편 33:9)

자칭 신이라는 사람들이 있습니다. 주로 기독교 쪽입니다. 자기가 하나님, 재림 예수, 또는 성령체라고 합니다. 탁지원 국제종교문제연구소장에 따르면 국내 소종파 지도자 중에 자신을 하나님이라고 주장하는 사람이 20여 명 있다고 합니다. 재림 예수를 자처하는 경우는 50명이 넘는다고 합니다. 이들은 처음에 자신을 선지자나 성령, 재림 예수를 자처하다 말년엔 스스로를 신의 반열에 올려놓습니다. 박태선이 대표적인 인물입니다. (1955년 천부교를 시작)

그렇지만 이런 이단 종파 교주들이 자기가 창조주라고 강조하지는 않습니다. 자기가 우주만물과 인간을 창조했다는 말은 하지 않습니다. 자기가 창조주임을 강조하는 인물은 아직 보지 못했습니다. 그 이유를 쉽게 짐작할 수 있습니다. 일단 시간적으로 무리가 있습니다. 자기가 138억 년 전에 살아 있었다고 해야 하는데 그건 좀 무리인 것입니다. 공간적으로도 무리가 있습니다. 137억 광년의 크기 우주를 자기가 만들었다고 하기가 좀 쑥스러운 것입니다. 별의 숫자도 문제입니다. 2조 곱하기 1천 억 내지 1조 개의 별을 자기가 만들었다고 주장하기가 좀 어색합니다.

또 다른 이유도 있습니다. '당신이 창조주라면 지금 당장 이런 걸 창조해 보라'는 요구를 감당할 수 없기 때문입니다. '멸종된 공룡을 창조해 보라, 사막에 수 억 그루 나무를 창조해 보라' 이런 요구를 피할 수 없습니다. 그러니 자기가 창조주라는 말은 하지 않는 것입니다. 이단도 창조주는 피합니다. 뒷일을 감당하기 어렵기 때문입니다.

이단만 그런 게 아닙니다. 다른 종교도 마찬가지입니다. 창조 문제는 가볍게 다루거나 얼버무립니다. 그리고 문헌에 따라 차이가 있습니다. 불교는 인연의 법칙을 따라 에너지가 물질이 되면서 세상과 생물이 생겼고, 광음천(光音天)에서 태어난 중생들이 감로지(甘露地)의 달콤한 맛에 탐욕과 집착으로 보임으로써 인간이 되었다고 합니다. 광음천은 빛을 소리로 삼는 하늘을 말합니다. 불교에서 우주와 인간의 기원에 대한 교리는 중요하지 않으며 부처 자신이 천지와 우주만물의 관계를 말한 적이 없습니다.

회교는 알라(Allah) 신이 6일 동안 만물과 인간을 창조하였다고 합니다. 이것은 성경의 창조 이야기와 같습니다. 회교가 성경을 이용해 경전화 작업을 했기 때문입니다. 그러나 회교의 경전 코란(Koran)은 창조 이야기로 시작되지 않습니다. 성경과 같은 체계적인 창조에 대한 언급이 없습니다. 창조에 대한 이야기는 코란 여기저기에 흩어져 언급되어 있을 뿐입니다. 성경의 진리 일부를 이용했음에도 불구하고 창조에 대한 가르침을 중요하게 여기지 않았다는 뜻입니다.

힌두교는 정리되지 않은 창조론을 보입니다. 일신론적 창조론을 보이는 문헌도 있고 범신론적 창조론을 보이는 문헌도 있습니다. 초기 문헌과 후기 문헌의 차이점도 있습니다. 그리고 지구에 존재하는 모든 생물은 '절대 의식'(pure consciousness)이 물질적 형태로 전이된 것으로 설명합니다.

　그러나 성경은 다릅니다. 하나님이 말씀으로 온 우주만물을 창조하셨다고 합니다. 말씀으로 137억 광년의 크기 속에 2조 곱하기 1천 억 내지 1조 개의 별을 창조하셨다고 합니다. 구체적 숫자를 언급한 것은 아니지만 분명히 그런 의미입니다. 하나님이 존재하는 모든 것을 창조하셨다고 누누이 강조합니다. 성경은 창조주 하나님을 무척 강조합니다. 창조 이야기로 시작하고 성경 곳곳에서 하나님의 창조를 언급합니다. 창조주 하나님이 기독교 신앙의 근본입니다.

　※ 성경의 창조 이야기: 성경의 창조 이야기는 사실 현대과학이 의미하는 우주의 시작과 우주의 크기는 아니다. 138억 년 전에 시작되어 137광년의 크기를 가진 우주가 아니다. 성경을 기록한 사람들의 관점에서 볼 때 성경의 창조는 눈에 보이는 세상과 인류의 시작 정도를 의미한다. 그 크기는 지구와 하늘의 해달별 정도고 그 연대는 기원전 수천 년 정도다. 창세기의 족보를 거슬러 올라가며 계산하면 아담의 연대는 기원전 4천 년 경이 된다. 인류의 시작을 그때로 이해한 것이다.

　지구의 크기도 현대인이 생각하는 것보다 아주 작다. 창세기 10장은 구약 시대의 세계 지도라고 할 수 있는데, 그 크기는 이스라엘을 중심으로 반경 약 2,400km 정도다. 이는 실제 지구 크기의 약 20분의 1에 해당되는 지역이다. 구약 시대 사람들은 이 정도를 지구 전체로 이해했다. 그러나 신앙적, 신학적 관점에서 볼 때 성경의 창조 이야기는 현대 과학이 말하는 우주의 기원과 우주의 크기를 의미한다. 하나님이 우주만물과 인간을 창조하셨기 때문이다. 다른 설명, 다른 대안은 없다.

　　현대 과학은 우주의 기원을 '빅뱅'(Big Bang) 이론으로 설명합니다. 우주의 출발점을 빅뱅이라고 부르는 것입니다. 그러나 그 어떤 과학자도 빅뱅 이전에 무엇이 있었는지 모릅니다. 아무도 설명할 수 없습니다. 사람이 알 수 없는 차원이기 때문입니다. 그러나 성경은 이를 명확하게 설명합니다. 빅뱅 이전에 하나님이 계셨다고 합니다. 하나님이 빅뱅의 원인이라는 것입니다. 다만 성경에도 하나님의 존재 기원에 대한 설명은 없습니다. 하나님은 이렇게 존재하게 되었다는 식의 설명은 없습니다. 단지 하나님의 존재하심을 선포할 뿐입니다. 그 이유는 하나님의 존재 원인이 인간의 인식 능력을 초월하기 때문일 것입니다. 그럼에도 불구하고 사람은 하나님의 존재하심을 믿을 수 있습니다.

창세기 1-11장의 의미

　모든 철학과 종교의 궁극적 질문은 결국 신과 자연과 인간에 대한 것입니다. '신이 존재하는가? 인격적 존재인가, 초월적 존재인가? 자연의 기원은 무엇인가? 자연 안에 신성(神性)이 있는가? 인간의 참된 자아는 무엇인가? 인간이 그것을 발견할 수 있는가?' 하는 질문들입니다. 신과 자연과 인간이 무엇이며 서로 어떤 관계에 있는가를 묻는 것입니다. 이런 질문에 대한 답을 얻기 위해 인간의 지혜와 경험을 총동원합니다. 그 결과 '범신론, 범재신론, 다신론, 유신론, 이신론, 불가지론, 무신론, 이원론, 실존주의, 실용주의, 자연주의, 합리주의, 경험주의' 같은 다양한 설명들이 나오게 되었습니다.

　성경은 이런 근본적인 질문에 대한 명확한 답을 주는 것으로 시작합니다. 창세기 1-11장은 이 세상의 모든 철학과 종교의 주제인 신, 자연, 인간에 대한 질문에 대해 명백한 답을 주고 있습니다. '신'에 관해서는 하나님만이 유일하신 신으로 만물과 인간의 창조주라고 합니다. '자연'에 관해서는 모든 자연은 하나님의 피조물일 뿐 그 안에는 어떤 종류의 신성도 없다고 합니다. 자연은 결코 신적 존재가 아니라는 말입니다. '인간'에 관해서는 하나님을 닮은 피조물이라고 합니다. 신성의 일부를 가지고 자연을 다스릴 권리를 가졌다고 합니다. 그러나 하나님 말씀에 불순종하여 타락한 존재가 되었다고 합니다. 창세기 1-11장은 이렇게 가장 심오하고 알기 어려운 질문들에 답을 줍니다. 인간이 아무리 노력해도 알 수 없는 질문들에 대한 답을 줍니다.

인간은 이런 질문에 부분적으로 알 수 있을 뿐입니다. 그래서 천재라고 할 수 있는 철학자들이 계속 나옵니다. 한 천재가 진리의 일부분을 말합니다. 그러면 다음 천재가 그 부족한 부분을 말합니다. 그래도 여전히 부족합니다. 그래서 그 다음 천재가 또 나옵니다. 이 일이 끊임없이 반복됩니다. 어떤 천재가 진리의 전부를 밝힐 수 있다면 그 다음 천재가 나올 필요가 없습니다. 그러나 그런 일은 일어나지 않습니다. 인류의 마지막 날까지 철학은 계속될 것입니다.

성경은 그렇지 않습니다. 처음부터 답을 줍니다. 모든 일에 대한 답을 줍니다. 그 일이 약 2천 년 전에 끝났습니다. 그래서 성경은 더 이상 확장되지 않습니다. 창세기 1-11장은 하나님의 계시입니다. 그 내용이 사람의 지혜가 아니라 하나님의 지혜입니다. 신과 자연과 인간에 대한 질문의 유일한 답입니다. 그래서 기독교는 '인간의 지혜'가 아니라 '인간의 믿음'을 요구합니다. 답을 찾으려고 헤매지 말고 하나님이 계시해 주신 답을 믿으라는 것입니다.

창세기 1-11장은 '인간은 누구인가?'라는 문제에 답을 줍니다. 동시에 인간과 자연, 인간과 신의 관계에 대한 질문에 답을 줍니다. 이와 함께 죄에 대한 심판과 하나님의 구원에 대한 말씀도 있습니다. 하나님은 인간이 알아야 할 가장 핵심적인 것들을 성경 제일 앞에 계시하셨습니다.

성경의 창조 이야기가 하나님의 지혜에 속한다는 증거가 있습니다. 다른 종교에는 성경과 같은 창조론이 없다는 사실입니다. 다른 종교에도 우주와 인간의 기원이나 세상 창조에 대한 가르침이 있습니다. 그러나 그것들은 성경의 창조론과 근본적으로 다릅니다. 성경은 삼위일체 하나님이 우주 만물과 인간을 창조하셨다고 합니다. 초지일관 삼위일체 하나님 외에 다른 신은 존재하지 않는다고 가르칩니다. 다른 종교에는 이와 같은 교리가 없습니다.

해석의 열쇠 : 압축, 은유, 상징, 전환

　　그렇지만 창세기 1-11장을 문자적으로 이해해서는 안 됩니다. 그 안에 담겨 있는 의미를 파악해야 합니다. 창조 이야기에 나오는 하루는 실제 하루가 아닙니다. 아담에서 아브라함까지의 족보(창세기 5장, 10장)는 실제 족보가 아닙니다. 아담의 갈비뼈로 하와를 만드신 이야기, 선악과, 노아 홍수, 바벨탑 이야기도 마찬가지입니다. 모두 다 상징과 은유로 주어진 이야기들이며 장구한 세월이 압축된 이야기입니다. 그리고 이렇게 압축과 은유와 상징으로 주어진 이야기를 역사와 연결시키는 전환이라는 장치가 들어 있습니다.

　　창세기 1-11장은 반드시 '압축과 은유, 상징과 전환'이라는 네 개념으로 이해해야 합니다. 그래야 비로소 창조와 역사 이전 시대 이야기에 담겨 있는 하나님의 지혜를 발견할 수 있습니다. 그 지혜는 현대 과학과 전혀 충돌하지 않습니다. 이 사실을 모르고 창세기 1-11장을 역사적, 사실적, 명시적

언어로 이해할 때 오해가 생깁니다.

(1) 압축된 이야기

창세기 1-11장은 우주의 시작부터 아브라함이 등장하기까지의 이야기입니다. 창세기 12장에 아브라함이 등장합니다. 현대 과학은 우주의 기원을 빅뱅(Big Bang) 이론으로 설명합니다. 빅뱅 이론에 의하면 우주는 약 138억 년 전에 시작되었습니다. 한편, 구약학자들은 아브라함의 연대를 기원전 약 2,000년경이라고 합니다. 그렇게 볼 때 창세기 1-11장은 우주의 시작인 138억 년 전부터 아브라함이 등장한 기원전 2,000년까지에 대한 이야기입니다. 그 장구한 세월을 압축한 이야기가 창세기 1-11장입니다.

창세기 1-11장은 사람이 상상하기 힘든 장구한 시간과 무한에 가까운 사건들이 압축된 것입니다. 하나님은 압축이라는 수단을 통해 우주의 시작에서부터 아브라함이 등장하기까지의 역사를 계시하셨습니다. 창세기 1-11장을 바로 이해하는 첫 번째 열쇠는 압축입니다.

창세기 1-11장은 바빌로니아에 잡혀간 유대인들이, 수메르, 아시리아 신화를 기초로 기원전 6-5세기경에 창작해 낸 이야기가 아닙니다. 고대 문헌이나 고고학적 발굴로 증명될 수 있는 역사적 사실이 아닙니다. 관찰과 연구로 확인될 수 있는 과학적 사실도 아닙니다. 만물과 인간의 기원에 대한 유대 민족의 재치 있는 상상도 아닙니다. 이 이야기는 창조주 하나님의 지혜입니다.

만물과 인간을 창조하신 하나님께서, 세상의 시작부터 아브라함의 등장까지를 압축하여 알려주신 것입니다. 그 장구한 시간 동안 있었던 일들

중에서, 사람이 꼭 알아야 할 것을 선택하여 압축해서 계시하신 것입니다. 그러므로 압축의 개념을 알아야 창세기 1-11장의 의미를 바로 알 수 있습니다. 이 사실을 모르면 창세기의 창조 연대부터 난감해지기 시작합니다.

창세기 1-11장은 진실에 기초한 이야기입니다. 그러나 그 진실은 역사적 방법으로, 있었던 일 그대로 기록된 것이 아닙니다. 하나님의 지혜를 따라 압축된 형태로 기록된 것입니다. 인간이 상상하기 힘든 오랜 세월을 압축한 것이기 때문에, 관찰과 기록과 유물과 실험으로 증명될 수 없습니다. 그러나 그 이야기 안에 들어있는 핵심은 진실입니다. 그러므로 그 내용을 사실로 믿되, 압축된 형태로 전달된 진리를 믿어야 합니다. 이야기 자체를 글자 그대로 믿어서는 안 됩니다.

만약 창세기 1-11장을 글자 그대로 믿으려 하면 여러 가지 문제에 부딪치게 됩니다. 해와 달이 없는데 하루의 개념이 적용되는 모순입니다. 우주가 6일 만에 창조되는 비상식을 보게 됩니다. 무엇보다 우주의 시작이 기원전 4,000년경이 되는 문제가 생깁니다. 그러다보니 공룡의 존재를 인정할 수도 부인할 수도 없게 됩니다. 주일학교 아이들이 노아의 방주 안에 공룡이 어떻게 들어갔느냐고 물으면 대답이 궁색해집니다. 그러나 창세기 1-11장을 압축이라는 개념으로 이해할 때, 이런 문제들을 쉽게 해결할 수 있습니다.

※ 성경의 창조 연대: 북 이스라엘이 멸망한 해인 기원전 722년을 기점으로 해서, 솔로몬 성전 건축, 출애굽, 야곱의 이집트 이주, 아브라함의 출생, 노아 홍수, 노아의 출생 등으로 거슬러 올라가면, 아담이 창조된 연대를 계산할 수 있

다.(창세기 5장의 아담의 계보 참고) 그렇게 해서 확인된 창조의 시점은 대략 기원전 4,000년경이다. 17세기 아일랜드 대주교 제임스 어셔(James Ussher, 1581-1656)가 같은 방법으로 계산해서 창조가 기원전 4004년에 이루어졌다고 했다. 유대인들은 전통적으로 기원전 3,760년이 창조 연대라고 생각하는데, 이는 어셔의 계산과 조금 차이가 있긴 하지만 큰 차이는 아니다.

기원전 4,000년경은 인류 문명이 실제로 시작되었던 기원전 약 1만년(마지막 빙하기가 끝난 시기)과 크게 다르지 않으며, 인류가 문자를 가지고 기록을 하기 시작한 역사시대와 거의 일치한다.(『빅뱅에서 아브라함까지』, 정순혁, 대한기독교서회, 2011, 46쪽

(2) 은유를 통한 진실

3살 아이의 엄마가 세상을 떠났다고 합시다. 3살 아이는 아직 엄마의 죽음을 이해할 수 없습니다. 이때 아이에게 엄마의 죽음을 설명하기 위해 '엄마는 저 하늘의 별이 되었어'라고 말하는 방법이 있습니다. '엄마는 왜 안 와? 엄마는 어디 갔어?'라고 묻는 아이에게, '더 이상 엄마를 볼 수 없고 아무리 불러도 엄마가 올 수 없는 상황'을 그렇게 설명하는 것입니다. 죽음을 이해할 수 있는 청소년이라면 그렇게 말할 필요가 없습니다. 그러나 아직 죽음의 의미를 모르는 어린 아이에게는 그렇게 말하는 것이 가장 좋은 방법입니다.

물론 이렇게 말하는 사람은 '엄마가 정말 별이 되었다'고 생각하지 않습니다. 아이가 죽음을 이해할 수 없기 때문에 그렇게 말하는 것입니다. 그래서 그 말의 뜻을 아는 사람은 하늘에서 엄마별을 찾지 않습니다. 죽은 사

람이 별이 되지 않는다는 것을 알기 때문입니다. 그러나 '엄마는 저 하늘의 별이 되었어'라는 말이 거짓말이나 허구는 아닙니다. 그 말 속에는 '엄마의 죽음'이라는 진실이 들어 있습니다. 또한 그 말 속에는 아이에 대한 배려가 들어 있습니다. 위로도 들어 있습니다. 그러므로 그 말은 문자적으로는 사실이 아니지만 의미는 사실입니다. 무엇보다 어린 아이에게 엄마의 죽음을 이해시키는 가장 좋은 설명입니다.

창세기 1장의 창조 이야기가 은유의 대표적인 예입니다. 고대인들은 망원경이 발명될 때까지, 눈에 보이는 세상이 전부인 줄 알고 살았습니다. 그들은 눈에 보이는 하늘 밖으로 인간이 상상할 수 없는 거대한 우주가 있음을 알지 못했습니다. 지구는 고정되어 있고 태양이 움직인다고 생각했습니다. 눈에 보이지 않는 미생물의 세계를 전혀 몰랐습니다. 그리고 코끼리와 하마보다 훨씬 크고 무서운 공룡이 살던 시대도 알지 못했습니다. 알기는커녕 상상조차 할 수 없었습니다. 이렇게 지식의 한계와 그로 인한 사고의 제한을 가진 사람들에게, 하나님은 우주의 모든 것을 상세히 설명하실 수 없었습니다. 설사 그렇게 설명하신다 해도 사람들이 그것을 이해할 수 없었습니다. 서너 살 아이가 엄마의 죽음을 이해하지 못하는 것처럼 말입니다.

그래서 하나님은 천지 만물의 기원에 대해, 6일 동안 세상을 창조하셨다는 식으로 설명하셨습니다. 앞에서 설명한 압축과 함께 은유가 사용된 것입니다. 우주와 인간의 기원에 대해 '엄마는 저 하늘의 별이 되었어'라는 식으로 설명하신 것입니다. 엄마는 별이 되었다는 말 속에 진실이 들어 있습니다. 창세기의 창조 이야기에도 진실이 들어 있습니다. 그것은 하나님이 만물과 인간을 창조하셨다는 사실입니다. 하나님만이 유일한 신이시고 다른 모든 존재는 다 피조물이라는 사실입니다.

하나님은 이런 진실을 압축과 은유라는 수단을 통해 설명하셨습니다. 고대인의 세계관과 사고 수준을 고려한 그 설명 속에는 깊고도 영원한 진리가 들어 있습니다. 따라서 압축과 은유 속에 들어 있는 영원한 진리를 파악하는 것이 창조 이야기를 바로 이해하는 길입니다.

엄마가 별이 되었다는 말을 듣고 자란 아이가 성인이 된 후 열심히 엄마별을 찾는 것은 옳은 일이 아닙니다. 성인이 된다는 것은 그 말 속에 담긴 진실을 깨우치는 것입니다. 엄마의 죽음을 받아들이고 엄마가 기뻐하는 사람이 되는 것입니다. 엄마별을 찾느라고 노력하는 사람이 되는 것이 아닙니다.

창세기 1-11장을 이해하는 두 번째 열쇠는 은유입니다. 하나님은 은유라는 특별한 수단을 통해 인류를 위한 가르침을 주셨습니다. 이 말씀은 인류 전체를 위한 보편적 진리입니다. 그래서 이 말씀은 자연과 인간을 이해하는 일에 매우 중요합니다. 그런데 그 진리가 은유의 방법으로 주어졌습니다. 이를 알아야 그 안에 담긴 진리를 깨달을 수 있습니다. 그렇지 않으면 창세기 1-11장은 비과학적(6일만의 창조), 비현실적(에덴동산, 아담과 하와, 생명나무, 선악과, 뱀의 유혹), 비역사적(민족들의 계보) 이야기일 뿐입니다.

하나님은 아직 이성적, 과학적 사고가 덜 발달된 고대인들을 위해 은유라는 수단을 사용하셨습니다. 이를 알지 못할 때 그 내용을 문자 그대로 증명하려는 오류에 빠질 수 있습니다. 반대로 이야기 자체를 오류로 보면서 그 속에 들어있는 진리를 함께 거부하는 불행을 초래할 수 있습니다. 창세기 1-11장의 진리를 깨닫기 위해서는 그 안에 은유가 들어 있음을 알아야 합니다. 그래야 그 은유 속에 감추어진 진리, 진실, 위로, 교훈, 경고를 깨달을 수 있습니다.

(3) 상징적 진리

창세기 1-11장을 바르게 이해하는 세 번째 열쇠는 상징입니다. 상징은 은유에 비해 훨씬 좁은 내용을 전달하기 위한 방법입니다. 은유가 산을 설명하는 수단이라면 상징은 나무를 설명하는 수단이라 할 수 있습니다. 창세기 1-11장의 이야기 안에 특별한 의미를 가지는 인물이나 사건이 들어 있는 경우가 있습니다. 이 경우 그들은 단순한 인물이나 역사적 사건이 아닙니다. 상징적 인물이고 상징적 사건입니다.

하나님은 압축과 은유라는 수단과 함께 상징도 사용하셨습니다. 상징은 주로 영적 진리를 전달하기 위해 사용되었습니다. 창세기 1-11장에 등장하는 인물이나 사건 중에 역사적 인물이나 객관적 사실로 보이는 것이 있습니다. 그렇지만 실은 반드시 상징으로 이해해야 하는 내용이 있습니다. 그래야만 그 의미와 교훈을 제대로 알 수 있습니다.

가장 대표적인 예를 에덴동산 이야기에서 볼 수 있습니다. 에덴동산 이야기 전체는 은유입니다. 인간의 창조와 피조 세계에서의 인간의 위상, 남녀의 관계와 가정, 인간의 이상적 고향, 인간의 타락과 형벌, 악령의 존재와 치명적인 유혹 등에 대한 은유입니다. 그런데 그 은유 속에 상징이 들어 있습니다. 생명나무는 영원한 생명에 대한 상징입니다. 선악과는 영원한 죽음에 대한 상징입니다. 아담과 하와는 인간에 대한 상징이고 뱀은 악마(마귀, 사탄)에 대한 상징입니다.

이것을 상징으로 보지 않고 역사적 사실로 보면 이렇게 됩니다. 선악과 사건은 '지금으로부터 약 6천 년 전에 흙으로 만들어진 아담이라는 한 개인과, 그 아담의 갈비뼈로 만들어진 하와라는 한 개인이, 지금 이라크 어디쯤에 있었던 에덴이라는 동산에서 살던 중, 발 달리고 말할 줄 아는 뱀의 유혹에 빠져서, 먹음직스럽고 보기에 좋은 선악과라는 과일을 먹은 것'이 됩니다.

그러나 이것을 상징을 통해 주어진 계시로 보면 이렇게 됩니다. '인간은 피조물임에도 불구하고 자유의지를 가졌는데, 그 존재 초기부터 자신의 생각을 따라 하나님의 명령을 판단했으며, 그 결과 영원한 생명을 잃어버리게 되었는데, 이 일에 악한 영이 적극 개입한 것'이 됩니다. 하나님은 인간의 실존적 문제에 대한 핵심적이고 중요한 사실을 '아담, 하와, 뱀, 선악과'라는 상징을 이용해 설명하신 것입니다. 하나님은 직설적이고 서술적인 문장 대신 상징적인 표현을 사용하셨습니다. 그 이유는 상징이 구체적이고 강렬한 의미를 훨씬 다양하고 깊게 전달하는 수단이기 때문입니다.

그러므로 에덴동산 이야기에서 상징을 파악하는 사람은, 남자의 갈비뼈가 여자의 갈비뼈보다 하나 더 적다고 생각하지 않습니다. 남녀의 갈비뼈 숫자가 같다고 해서 성경이 틀렸다고 실망하지 않습니다. 그래서 성경의 권위에 의문을 가지지 않습니다. 에덴동산의 정확한 위치를 찾겠다고 애쓰지 않습니다. 에덴동산의 흔적이 없다고 해서 실망하지 않습니다. 발 달린 뱀의 화석을 발견하겠다는 노력도 하지 않습니다. 선악과의 모양이 어떠했는가에 관심을 가지지 않습니다. 생명나무가 어떻게 생겼는지 굳이 상상하지 않습니다. 화가라면 선악과나 생명나무 열매의 구체적인 모습을 상상할 수

있습니다. 그런 경우에도 상징의 의미를 살려서 그리는 것이 성경의 진리를
제대로 살리는 그림입니다.

(4) 역사로의 전환

창세기 1-11장을 바르게 이해하는 네 번째 열쇠는 전환입니다. 이것은
앞에서 언급한 압축과 은유와 상징이, 실제 역사와 연결되는 것을 의미합니
다. 압축은 장구한 세월을 요약하기 위한 방법입니다. 은유는 지식과 이성
적 사고에 한계를 가진 고대인들에게 진실을 쉽게 설명하기 위한 방법입니
다. 상징은 주로 영적 진리를 전달하기 위한 방법입니다. 그런데 이런 특별한
수단으로 기록된 이야기들은 아브라함의 등장과 함께 역사와 연결될 필요
가 있습니다.

왜냐하면 아브라함의 등장과 함께 계시의 무대가 실제 역사로 옮겨지
기 때문입니다. 아브라함은 창세기 12장에 등장합니다. 이 아브라함의 등장
은 이제부터 하나님의 계시가 역사 가운데 주어진다는 것을 의미합니다. 창
세기 1-11장에서 보는 압축, 은유, 상징이 그치고, 실제 역사 가운데 하나님
의 계시가 드러나는 것입니다. 따라서 창세기 1-11장의 이야기는 역사와 연
결될 필요가 있었습니다. 이것을 자연스럽게 해결하는 방법이 전환입니다.
전환은 압축, 은유, 상징을 실제 역사와 이어주는 중요한 역할을 합니다.

아브라함이 등장하는 창세기 12장부터는 창세기 1-11장과 그 분위기가
아주 다릅니다. 그 이유는 창세기 12장부터 역사적이고 실제적인 이야기가
시작되기 때문입니다. 이것은 창세기 1-11장은 비역사적, 비실제적이라는 말
이 아닙니다. 창세기 1-11장은 역사적이고 실제적인 이야기들이 압축되어,

은유적으로, 그리고 상징을 통해 주어졌다는 말입니다. 이것을 초역사적 형태라고 말할 수 있습니다. 그런 초역사적 형태가 이제 아브라함의 등장과 함께 현실적이고 역사적인 모습으로 바뀌게 됩니다. 아브라함이라는 역사적 인물과 그 이후의 사건들은 더 이상 압축될 필요가 없습니다. 굳이 은유나 상징으로 계시될 이유도 없습니다. 따라서 창세기 12장부터는 그 앞 이야기와 다를 수밖에 없습니다. 이렇게 서로 다른 모습의 계시를 연결하기 위해 하나님은 전환이라는 방법을 사용하셨습니다.

이런 전환의 개념은 창세기 2장 에덴동산 이야기에 이미 나타나 있습니다. 에덴동산의 위치를 설명하는데 구스(에티오피아)와 아시리아라는 나라 이름이 등장합니다. 나라의 등장은 인류 문명사에 있어 아주 후대의 일입니다. 그럼에도 불구하고 창조 초기에 해당되는 에덴동산 이야기에 구스와 아시리아 같은 나라 이름이 등장하는 이유는 에덴동산 이야기를 역사와 연결시키려는 것입니다. 넓게는 창세기 1-11장 전체를 역사와 연결시키려는 의도입니다.

창세기 2장에 언급된 구스와 아시리아라는 이름은 전환입니다. 압축과 은유와 상징으로 주신 계시를 역사와 연결하는 방법입니다. 그래야 에덴동산 이야기에 구스와 아시리아라는 나라가 언급된 의미를 제대로 이해할 수 있습니다. 그것이 창조 이야기에 나타난 하나님의 지혜를 바로 깨닫는 방법입니다.

사람의 지혜는 창세기 1-2장처럼 우주의 창조와 인류의 등장을 선포하지 않습니다. 창세기 3-11장처럼 인류 역사의 진행을 설명하지 않습니다. 그렇게 확신을 가지고 자신 있게 선포하고 설명할 수 없습니다. 본 적도 들은 적도 없는 일이기 때문입니다. 상상조차 불가능하기 때문입니다. 그래서 우주의 시작과 인류의 등장은 아예 언급하지 않거나 모른다고 합니다. 대충 얼버무리거나 조그만 것이 커졌다고 합니다. 신의 몸에서 우주가 생기고 사람이 나왔다고 합니다. 인간의 의식에서 물질이 만들어졌다고 합니다. 유일신이 말씀으로 우주를 창조하고 사람을 만들었다고 하지는 않습니다. 사람의 지혜는 그렇습니다.

창세기 1-11장의 이야기가 독특한 이유는 그것이 하나님의 지혜이기 때문입니다. 하나님이 실제로 우주를 창조하시고 인간을 만드셨기 때문입니다. 성경이 그렇게 하나님의 창조를 자신 있게 선포하는 이유는 그것이 사실이기 때문입니다. 다만 그 사실을 고대인의 세계관, 우주관, 과학관, 역사관에 맞추어 전달하신 것입니다. 그것을 현대인의 세계관, 우주관, 과학관, 역사관에 맞추어 해석하고 이해하는 것이 필요할 뿐입니다. 약간의 진지함만 있다면 창세기 1-11장에서 인간의 지혜와 하나님의 지혜를 구별할 수 있습니다. 그리고 약간의 솔직함만 있다면 하나님의 존재를 인정할 수 있습니다.

창조 신앙의 핵심

하나님이 창조하신 피조물의 세계는 한없이 아름답습니다. 창세기 1장은 하나님의 창조를 언급하면서 피조 세계의 아름다움을 강조합니다. 창조 이야기에는 '하나님께서 보시기에 좋았습니다'라는 말이 7번 나옵니다.(창세기 1:4, 10, 12, 18, 21, 25, 31) 자연은 하나님께서 보시기에도 좋은 것입니다. 그러니 사람이 보기에는 말할 필요가 없습니다. 그러므로 사람이 자연을 보면서 아름답다고 생각하는 것은 당연한 일입니다. 자연을 즐기면서 좋다고 생각하는 것은 자연스러운 일입니다.

이렇게 자연은 보기에 좋도록 창조되었습니다. 그러나 자연의 아름다움을 즐기는 것이 창조 신앙의 핵심은 아닙니다. 자연의 아름다움을 되새기고 자연을 즐기는 것이 창세기 1-2장의 핵심이 아닙니다. 창조 신앙의 첫 번째 핵심은 오직 단 한분 하나님이 유일한 신이시라는 것입니다. 그 외의 모든 만물은 피조물입니다. 태초에 하나님께서 하늘과 땅을 창조하셨다는 창세기 1:1은 하나님께서 하늘과 땅 사이에 있는 모든 만물을 만드셨다는 선포입니다. 여기서 하늘과 땅은 오늘로 치면 지구 밖의 모든 우주공간을 의미하는 것입니다. 창세기 1:1의 표현은 고대인의 세계관을 반영하고 있습니다.

창세기 1:1은 태양 신, 별 신, 하늘 신, 바다 신, 산 신, 기타 모든 신이 없다는 선포입니다. '어머니 자연'(Mother Nature)이라는 표현도 옳지 않다는 것입니다. 자연은 단지 하나님의 피조물일 뿐입니다. 창세기 1:1은 오직 한 분 하나님만이 유일한 신이시라는 선언입니다. 그것이 창조 신앙의 가장 근본적인 핵심입니다.

사람은 자연의 아름다움을 즐기기 전에 그 자연을 창조하신 하나님을 믿어야 합니다. 하나님이 유일한 신이심을 인정해야 합니다. 아름다운 자연을 보며 감탄하기 전에 오직 한 분이신 창조주 하나님의 살아계심을 믿는다는 고백을 해야 합니다. 이 고백을 하는 사람이 자연을 올바르게 즐길 수 있습니다.

창조 신앙의 두 번째 초점은 하나님의 권능을 찬양하는 것입니다. 자연은 경이로움 그 자체입니다. 해달별은 그 거대한 크기와 질서정연함으로 사람들이 경탄을 자아냅니다. 우주 공간에는 태양보다 수천, 수만 배 더 큰 별들이 즐비합니다. 바다의 깊이나 태풍의 힘은 인간의 상상력을 초월합니다. 생물체는 그 자체로 경이로움입니다. 인간은 말할 것도 없고 개미 한 마리, 풀 한 포기조차 놀라운 구조를 가지고 있습니다. 지도와 나침반이 없어도 연어는 그 태어난 곳으로 돌아가고 철새는 고향을 찾아갑니다. 수십 년 땅속에 묻혀 있던 씨앗은 비를 맞으면 싹을 틔우고 꽃을 피웁니다.

그런데 그 놀라운 자연을 하나님께서 다 만드셨습니다. 그러니 하나님은 정말 놀라운 분이십니다. 전지전능하시다는 의미가 바로 그런 것입니다. 그러므로 자연의 아름다움과 놀라움에 단순히 경탄할 것이 아닙니다. 그 놀라운 것들을 만드신 하나님의 권능을 찬양할 줄 알아야 합니다. 자연을 즐길 때마다 하나님의 권능과 그 전능하심을 찬양해야 합니다.

창조 신앙의 세 번째 초점은 아름다운 자연을 주신 하나님의 은혜에 진심으로 감사하는 것입니다. 사람은 아름다운 자연을 보면서 감탄과 더불어 '이렇게 좋은 것을 주신 하나님께 감사합니다'라는 고백을 해야 합니다. 아름다운 자연을 주신 것 자체가 은혜입니다. 그 은혜에 감사할 줄 알아야 합니다.

사람이 은혜를 입거나 좋은 것을 받으면 감사하다는 말을 합니다. 그리고 그 은혜를 갚으려고 합니다. 그 받은 것에 대한 보답을 하려고 합니다. 그것이 올바른 인간관계의 모습입니다. 하나님과의 관계도 같습니다. 사람이 누리는 자연은 하나님께서 주신 것입니다. 창세기 1장은 '내가 세상 모든 것을 창조했다. 내가 보기에 좋도록 창조하였다. 그래서 자연과 생물은 질서가 있고 아름답고 경이롭다. 이런 자연을 너희에게 준다'는 하나님의 선포입니다. 그러므로 자연을 즐기면서 하나님께 감사할 알아야 합니다.

자연을 보며 창조주 하나님의 존재하심을 고백하는 것이 창조 신앙입니다. 하나님의 권능을 찬양하고 하나님의 은혜에 감사하는 것이 창조 신앙입니다. 별이 쏟아지는 것 같은 밤을 보내면서 창조주 하나님을 기억해야 합니다. 맑은 공기를 주는 깊은 숲 속에서 하루를 보내면서 하나님께 감사해야 합니다. 그러면서 온 세상 만물을 창조하신 유일하신 하나님에 대한 믿음을 고백해야 합니다. 온 세상 만물을 보기에 좋도록 창조하신 그 권능을 찬양해야 합니다. 우리에게 그 놀라운 자연을 허락하여 주신 것을 기뻐해야 합니다. 이것이 창조 신앙의 핵심입니다.

"내 영혼아, 여호와를 찬양하여라. 여호와 나의 하나님, 주는 참으로 위대하십니다. 찬란한 위엄의 옷을 입으셨습니다. 여호와여, 주께서 하신 일이 얼마나 많은 지요! 주는 지혜로 이 모든 것들을 만드셨습니다. 이 땅에 주가 지으신 것들로 가득 차 있습니다."(시편 104:1, 24)

죄와 죽음의 문제를 해결

4장

인간의 죄와 죽음

하나님의 세 번째 지혜를 소개합니다. 그것은 구원에 대한 지혜입니다. 하나님께서 사람의 죄를 사하시고 사람에게 영원한 생명을 주십니다.

인간은 우연히 생겨난 존재이거나 스스로 있는 존재가 아닙니다. 하나님이 인간을 창조하셨습니다. 그런데 하나님이 인간을 창조하실 때 하나님의 형상을 주셨습니다. 하나님께서 인간에게 특별한 것, 신적인 어떤 것을 주신 것입니다. 그 때문에 인간은 다른 동물들과는 다른 무엇을 가지게 되었습니다. 그것은 사람의 영과 혼입니다. 사람은 몸과 더불어 영혼을 가진 영적 존재입니다. 하나님께서 그렇게 창조하셨습니다. 그래야 우리가 하나님을 인식하고 또 경배할 수 있기 때문입니다. 동물이 하나님을 인식하고 경배한다는 것은 불가능합니다.

하나님은 인간에게 영과 혼을 주시면서 이와 함께 자유의지를 주셨습니다. 인간 스스로 판단하고 결정할 수 있는 지혜와 능력을 주신 것입니다.

그 이유는 하나님과 인간의 관계가 진정으로 인격적인 관계가 되기를 원하셨기 때문입니다. 인간은 자유의지를 가진 존재로서 하나님과 인간의 관계는 주인-노예, 인간-동식물, 인간-로봇과 같은 관계가 아닙니다. 그 관계는 마치 부모와 자식, 연인과 같은 인격적인 관계가 되었습니다.

하나님은 인간의 찬양과 경배를 원하십니다. 그러나 강제된 찬양과 기계적인 경배를 원하시는 것은 아닙니다. 인간이 의미도 모른 채 찬양하고 경배하는 것을 원치 않으십니다. 그래서 인간에게 자유의지를 주셨습니다. 인간이 자신의 의지로 하나님께 영광 돌리기를 원하신 것입니다.

그러나 하나님이 선한 의도로 주신 자유의지는 양날을 가진 칼과 같습니다. 잘 사용하면 인간은 하나님과 인격적인 관계를 계속 유지합니다. 하나님을 올바르게 찬양하고 경배하며 하나님께 참된 영광을 돌려 드릴 수 있는 존재가 됩니다. 그러나 잘못 사용하면 하나님께 불순종하고 하나님을 거부하는 죄를 짓는 무서운 도구가 됩니다. 실제로 그런 일이 일어났습니다.

인간은 하나님의 피조물로서 창조주 하나님의 뜻을 알고 그 뜻을 따라 살아야 합니다. 성경은 이 사실을 사람의 인생은 자기 것이 아니라 하나님의 것이라고 표현합니다.(예레미야 10:23) 사람이 하나님의 뜻을 무시하고 자기 생각대로 살 때 모든 일이 왜곡됩니다. 하나님과의 관계가 무너지고 다른 사람과의 관계가 나빠집니다. 인간의 악한 본성 때문입니다.

성경은 창조 이야기 후 곧 바로 인간의 죄를 언급합니다. 창세기 1-2장은 세상과 인간의 창조에 대한 이야기인데 그 다음 3장에 바로 인간의 죄를 언급하는 선악과 사건이 나옵니다. 이는 인간의 죄를 강조하는 구조가 분명합니다. 하나님은 아담에게 에덴동산의 모든 열매를 먹을 수 있다고 하셨습니다. 그러나 선악과는 먹지 말라고 명령하셨습니다. 그러면서 그 열매를 먹으면 '너는 죽을 것이다'라고 말씀하셨습니다.(창세기 2:17) 이는 죄와 죽음의 깊은 관계를 말씀하신 것입니다. 그렇지만 아담과 하와는 선악과를 먹었습니다. 하나님의 명령을 어긴 것입니다.

선악과 사건은 인간이 자유의지를 가지고 하나님의 명령을 판단한 것입니다. 그 이유는 인간이 자기 자신을 과신하여 창조주 하나님과 동등한 존재가 되고자 했던 것입니다. 피조물인 인간이 창조주 하나님의 지혜와 능력을 탐한 것이 원죄입니다. 이 탐욕은 모든 인간이 가진 것으로 원죄가 없는 인간은 없습니다. 인간 모두가 신과 동등한 존재가 되고 싶어 하는 존재입니다. 성경은 이것을 아담과 하와가 선악과를 따 먹은 사건으로 설명합니다.(창세기 3:1-21, 선악과 사건)

사람은 하나님이 금지하신 일에 의문을 품었습니다. 그리고 결국 불순종했습니다. 자신의 지혜로 하나님의 명령을 판단했습니다. 그러면서 하나님이 선하다고 하신 것을 악하다고 하고, 하나님이 악하다고 하신 것을 선하다고 합니다. 이것이 선악과 사건의 교훈입니다. 하나님이 선한 의도로 주신 인간의 자유의지가 어느 순간 타락했습니다. 하나님께 도전하는 도구로 사용되기 시작했습니다. 성경은 이 사실을 선악과 사건으로 계시합니다. 교회는 이를 원죄라는 교리로 설명합니다.

피조물이 창조주와 동등한 존재가 되려고 했던 것이 모든 죄의 원인입니다. 그래서 인간은 낙원에서 추방되었습니다. 죄로 인해 죽어야만 하는 존재가 되었습니다. 죄를 지을 수밖에 없는 존재, 그리고 죽을 수밖에 없는 존재가 된 것입니다. 성경은 해 아래 의인은 한 사람도 없다고 가르칩니다.

원죄로 인해 모든 죄가 인간의 본성 안에 자리 잡았습니다. 그리고 원죄로 인해 죽어야만 하는 존재가 되었습니다. 인간은 죄의 본성 때문에 스스로 선해질 수 없는 존재가 되었습니다. 아주 불행한 존재가 된 것입니다. 이것이 모든 인간이 행복을 찾는 근본적인 이유입니다.

사람의 죄는 크게 두 가지로 구분됩니다. 하나는 원죄이고 다른 하나는 자범죄(自犯罪, 스스로 짓는 죄)입니다. 원죄는 선악과의 죄를 말하며 자유의지의 타락을 의미합니다. 원죄는 의의 결핍과 성품의 오염을 가져옵니다. 의의 결핍은 인간을 결코 하나님이 원하시는 의의 수준에 도달할 수 없음을 뜻합니다. 성품의 오염은 인간이 악한 본성을 가지고 있음을 뜻합니다. 모든 인간이 이런 죄의 상태를 벗어날 수 없습니다.

의의 결핍과 성품의 오염으로 인해 인간은 스스로 죄를 짓습니다. 그것이 자범죄입니다. 자범죄는 행위의 죄와 내면의 죄로 구분할 수 있습니다. 몸으로 짓는 죄와 마음과 생각으로 짓는 죄 전부가 죄입니다. 성경은 마음과 생각으로 짓는 죄를 몸으로 짓는 죄와 똑같이 여깁니다. 이에 대해 가장 유명한 말씀이 '누구든지 음란한 생각으로 여자를 바라보는 사람은 이미 마음속으로 그 여인과 간음한 것이다'라는 말씀입니다.(마태복음 5:28)

사람은 다음과 같은 죄를 짓는 존재입니다.

"속에서부터, 즉 사람의 마음으로부터 악한 생각, 음란, 도둑질, 살인, 간음, 탐욕, 악의가 나오며, 속임수, 방탕, 질투, 욕지거리, 교만, 어리석음이 나온다. 이 모든 악한 것들은 사람의 속에서 나와 사람을 더럽힌다."(마가복음 7:21-23)

"그들은 온갖 불의와 악행과 탐욕과 악독으로 가득 찬 사람들입니다. 또한 시기와 살인과 다툼과 속임과 적의로 가득 찼으며, 남에 대해 말하기를 좋아하고, 남들을 비방하고, 하나님을 미워하며, 거만하고 건방지며, 뽐내기를 잘합니다. 그들은 악한 일을 계획하고, 부모님께 순종하지 않습니다. 그들은 양심도 없으며, 약속을 지키지 않으며, 친절하지도 않고, 동정심도 없습니다."(로마서 1:29-31)

"육체가 하는 일은 분명합니다. 곧 음행과 더러움과 음란과 우상 섬기기와 마술과 미움과 다툼과 질투와 화내기와 이기심과 편 가르기와 분열과 시기와 술 취하기와 흥청거리는 잔치와 같은 것들입니다."(갈라디아서 5:19-21)

인간의 참된 행복은 하나님과의 친밀한 관계에 기초하는데 원죄로 인해 그 참된 행복을 잃어버렸습니다. 원죄로 인해 하나님과의 교제가 끊어진 것입니다.(창세기 3:8-10) 그래서 참된 진리와 행복을 모릅니다. 기쁘고 행복하다고 느끼는 순간조차 그것이 참 기쁨과 참 행복이 아닙니다. 인간은 원죄로 인해 하나님의 진노와 저주 아래 있습니다.(로마서 1:18, 에베소서 2:3) 선한 아버지의 명령을 거부한 자식이 아버지의 사랑과 축복을 얻지 못하고 분노와 저주를 받고 있는 상황과 같습니다. 그래서 인간은 사는 동안 비참함을 면할 수 없습니다.

인간은 갑작스런 사고나 죽음, 병 등을 피할 수 없습니다. 내일 일을 알수 없고 수고와 슬픔으로부터 자유로울 수 없습니다. 죽음이야말로 가장 확실한 비참함입니다. 그러나 인간에게 가장 큰 비참함은 지옥에서의 고통입니다. 말할 수 없는 극심한 고통이 영원히 계속되기 때문입니다. 이 모든 비참함은 사람의 죄로 인한 것입니다.

죄와 죽음으로부터의 구원

　그렇지만 성경이 이렇게 죄를 설명하고 강조하는 이유는 회개하고 복을 받으라는 것입니다. 하나님은 인간을 타락의 상태에 버려두지 않으십니다. 인간이 비참한 죄인으로 사는 것을 원치 않으십니다. 인간을 구원하셔서 영원한 생명을 주기 원하십니다. 그래서 인간의 구원 계획을 세우셨습니다. 그 계획은 전적으로 하나님의 선하신 뜻에 의한 것입니다. 하나님은 인간의 구원을 기뻐하십니다. 인간의 구원은 하나님이 원해서 하시는 일입니다.

　성경에 하나님이 인간을 구원하고자 하시는 이유와 방법과 목표가 계시되어 있습니다. 하나님이 인간을 구원하고자 하시는 이유는 인간에 대한 사랑 때문입니다. 그 방법은 예수 그리스도에 대한 믿음입니다. 그 목표는 하나님 나라에서의 영생입니다. 성경은 이 사실을 밝히면서 사람들을 구원의 길로 인도합니다. 그래서 성경을 한 마디로 '하나님의 구원 계획'이라 할 수도 있습니다.

예수라는 이름도 구원을 강조하는 이름입니다. 요셉이 마리아의 혼전 임신 사실을 알고 파혼하려고 했습니다. 그때 천사가 요셉의 꿈에 나타나 마리아의 임신은 성령께서 하신 일이라고 설명합니다. 그러면서 '마리아가 아들을 낳을 것인데, 이름을 예수라고 하여라. 그가 자기의 백성을 죄에서 구원해 낼 것이다'라고 말합니다.(마태복음 1:21) 예수라는 이름은 '예슈아'라는 히브리 이름을 그리스어 식으로 표기한 것입니다. '예슈아'는 '구원'이라는 뜻입니다. 이는 예수님이 곧 구세주라는 뜻입니다. 그리고 하나님이 인간의 구원을 위해 예수님을 보내셨다는 뜻도 됩니다. 이것이 하나님의 구원 계획입니다.

> "이와 같이 하나님께서는 세상을 사랑하여 독생자를 주셨다. 이는 누구든지 그의 아들을 믿는 사람은 멸망하지 않고 영생을 얻게 하려 하심이다."
>
> (요한복음 3:16)
>
> "성경은 온 세상이 죄에 갇혀 있다는 것을 보여 주었습니다. 이는 믿음을 통한 약속을 주시기 위한 것으로 오직 예수 그리스도를 믿는 사람들만 받을 수 있습니다."(갈라디아서 3:22)

그러나 모든 인간이 구원을 받는 것은 아닙니다. 구원을 받는 사람이 있고 아닌 사람이 있습니다. 구원을 받기 위해서는 하나님과의 관계가 회복되어야 합니다. 그렇게 하나님과의 관계가 회복되는 길이 바로 예수님을 구세주(그리스도)로 믿는 것입니다. 그 믿음은 하나님을 인정하고 하나님을 의

지하며 하나님의 뜻에 순종하는 것입니다. 구원은 오직 하나님의 은혜로 인한 것으로 사람의 지혜나 선함이나 능력으로 얻는 것이 아닙니다.

하나님은 모든 죄를 용서하십니다. 원죄를 용서하시고 자범죄를 용서하십니다. 하나님을 판단하고 하나님께 불순종한 죄, 행위로 지은 죄, 마음으로 지은 죄 전부를 용서하십니다. 대가 없이 용서하십니다. 예수 그리스도를 구세주로 믿기만 하면 용서하십니다.

인간의 원죄를 용서하실 수 있는 분은 오직 하나님 한 분이십니다. 하나님께 지은 죄는 하나님께 용서받아야 합니다. 인간 스스로 용서받을 수 있는 길은 없습니다. 선한 행위로 구원 받는 것이 아닙니다. 고행으로 구원 받는 것도 아닙니다. 선행과 고행이 사람을 죄에서 구원할 수 없고, 인류애가 사람을 죄에서 구원할 수 없습니다. 오직 예수님만 사람을 죄에서 구원하실 수 있습니다. 사람은 예수를 믿어 죄와 죽음에서 구원을 받습니다.

인간은 어느 정도 착하고 살고 선하게 살 수 있습니다. 그러나 하나님이 원하시는 것은 인간의 착함이나 선함이 아닙니다. 인간의 거룩함입니다. 하나님은 착하고 선한 인간을 원하시는 것이 아니라 거룩한 인간을 원하십니다. 그런데 인간 스스로 거룩해질 수 없습니다. 인간의 본성이 타락했기 때문입니다. 사람의 지혜나 행위로 하나님이 원하시는 거룩함을 얻을 수 없습니다. 오직 예수 그리스도에 대한 믿음으로 거룩해질 수 있습니다. '내가 바로 그 길이요, 진리요, 생명이다. 나를 통하지 않고는 아버지께로 올 사람이 없다'는 예수님의 말씀이 진리입니다.(요한복음 14:6)

"그러나 이제는 여러분이 죄에서 해방되어 하나님의 종이 되었습니다. 그리하여 거룩함에 이르는 열매를 맺고 있습니다. 그 일의 마지막은 영생입니다. 죄의 대가는 죽음이지만, 하나님의 선물은 우리 주 예수 그리스도 안에 있는 영생입니다"(로마서 6:22-23)

하나님의 구원 계획은 죄와 죽음으로부터의 구원입니다. 그래서 예수님은 누구든지 자신의 말을 믿으면 영원히 죽지 않을 것이라고 말씀하셨습니다. 로마서 6:22-23에 죄와 죽음, 그리고 구원과 영생의 관계를 잘 요약하는 말씀이 있습니다. 기독교의 구원은 죄와 죽음에서의 구원을 의미합니다. 이것이 하나님의 지혜입니다.

성경은 특이하게도 죄와 죽음을 연결합니다. 죄의 결과로 죽음이 왔다고 합니다. 아담은 죄를 지었기 때문에 죽게 되었고 그 후손도 마찬가지입니다. 하나님은 아담이 선악과를 먹으면 죽을 것이라고 말씀하셨습니다. 그 말은 곧 불순종의 죄가 없다면 죽음도 없다는 말이 됩니다. 이것은 죄의 용서가 영원한 생명으로 이어진다는 사실을 설명합니다. 죄의 결과로 죽음이 왔기 때문에 죄의 용서는 곧 죽음에서의 해방을 의미합니다. 죽음을 극복하는 것입니다. 이것이 성경의 구원입니다.

하나님이 세상을 구원하십니다. 한 사람의 목숨만 살리는 것이 아니라 온 인류의 생명을 구원하십니다. 생명만 살리는 것이 아니라 영원한 생명까지 주십니다. 하나님의 구원은 이렇게 사람이 생각하는 구원과 다릅니다. 질적으로 양적으로 다릅니다. 창조주의 구원이기 때문에 그렇습니다.

세례와 새사람

"우리는, 우리의 옛 사람이 그리스도와 함께 십자가에 못 박혀 죄의 몸이 무력하게 되었으므로, 우리가 더 이상 죄의 노예가 되지 않는다는 것을 압니다."

(로마서 6:6)

"이제는 새 사람이 되어 하나님의 모습처럼 선하고 거룩하게 살아가십시오."

(에베소서 4:24)

구원은 존재의 변화를 의미합니다. 죄인이 의인이 되는 것입니다. 성경은 이 존재의 변화를 거듭남이라고 말합니다. 다시 태어난다는 뜻입니다. 죄인이 의인으로 다시 태어나는 것이 구원의 시작입니다. 세례가 이 거듭남을 가능케 합니다. 세례를 받음으로써 죄인이 의인이 됩니다.

『축소지향의 일본인』이라는 책으로 유명한 이어령 전 문화부 장관이 2007년 7월에 세례를 받았습니다. 이어령 씨는 신문(동아일보)과의 인터뷰에서 예수를 믿기 전에는 성경의 모든 말이 전부 오류로 들렸다고 말했습니다. '모든 인간이 죄인? 오류! 세례를 받으면 영적으로 거듭난다고? 오류! 물세례를 받을 때 성령 세례를 받아? 오류!' 이랬다고 합니다. 그러나 예수를 믿은 후에는 '구슬을 꿰듯 새롭게 읽어 진다'고 했습니다. '모든 인간이 죄인? 아멘! 세례를 받으면 영적으로 거듭난다고? 아멘! 물세례를 받을 때 성령 세례를 받아? 아멘!' 하는 사람이 된 것입니다.

이어령 씨는 '그동안 너무나 잘못 살아왔고 너무나 많은 것이 부족했다, 인간의 오만을 버리는 것이 크리스천으로서 가장 큰 변화다, 혼자 바들바들하면서 여기까지 온 내가 너무 불쌍했다'라는 말을 했습니다. 예수를 믿고 보니 자기 자신을 믿고 살아온 지난 날 아주 잘못된 것임을 알 수 있더라는 말입니다.

세례 전의 이어령 씨는 '혹시라도 내 인생이 잘못 될까, 혹시라도 내 가족이 잘못 될까' 아등바등 혼자 애를 쓰며 살던 사람이었습니다. 세례 후의 이어령 씨는 전지전능하신 하늘 아버지가 계시며 그 아버지께서 자신을 사랑하신다는 것을 믿게 되었습니다. 자신을 돌보시고 인도하시며 자신의 필요를 채워주신다는 사실을 믿게 되었습니다. 그래서 그 하늘 아버지께 간구하며 사는 사람이 되었습니다. 세례는 이렇게 사람을 변화시킵니다. 다시 태어나게 합니다. 영적으로 그렇다는 뜻입니다.

세례는 죄 사함을 받아 의로운 사람이 되는 예식입니다. 옛 사람이 죽고 새 사람으로 태어나는 것이고 영적으로 거듭나는 것입니다. 영생의 약속을 받고 하나님이 동행하는 삶을 사는 것입니다. 그래서 세례 받은 사람은 거룩한 삶을 살아야 합니다.

"모든 사람이 죄를 지어 하나님의 영광에 이를 수 없게 되었습니다. 그런 사람이 그리스도 예수께서 주시는 속죄를 통해, 하나님의 은혜로 의롭다는 판단을 받습니다. 그것은 하나님께서 거저 주시는 선물입니다."(로마서 3:23-24)

이 말씀이 세례의 의미를 요약합니다. 죄인인 우리가 하나님의 은혜로 말미암아 값없이 의롭게 되는 것이 세례의 의미입니다. 이 때 값이 없다는 말은 거저 주신다는 뜻입니다. 인간의 공로로 의로움을 얻는 것이 아니라 예수 그리스도를 믿음으로써 의로움을 얻는 것입니다. 그래서 바울은 로마서 3:23-24 앞뒤로 예수 그리스도에 대한 믿음을 강조하고 있습니다.

※ 구원의 과정: 성경이 말하는 의인은 사람의 능력, 지혜, 선행, 고행, 깨달음으로 되는 것이 아니다. 예수 그리스도에 대한 믿음을 통해 하나님의 은혜로 되는 것이다. 이를 정확하게 표현하면 하나님께서 세례 받은 자를 '의롭다고 인정해주시는 것'이다. 이것을 신학적 용어로 '칭의'(Justification)라고 한다. 이 말은 인간이 스스로 의인이 된 것이 아니라, 하나님께서 의인으로 인정해주신다는 뜻이다.

세례를 받은 사람은 거룩한 삶을 살아야 한다. 이 거룩한 삶을 신학적 용어로 성화(Sanctification)라고 한다. 성화는 우리 몸을 의롭게 하여 거룩함에 이른다는 뜻이다. 칭의를 얻은 자는 성화의 삶을 살아야 한다. 칭의는 바로 성화로 연결된다. 거듭남은 반드시 거룩한 삶으로 이어져야 한다. 거듭남만 있고 거룩한 삶이 없는 믿음이 죽은 믿음이다. 칭의만 있고 성화는 없는 믿음이 바로 거짓 믿음이다.

성화의 마지막 열매는 영원한 생명이다. 성화의 완성이 영생인 것이다. 이것을 신학적 용어로 영화(Glorification)라고 한다. 그러므로 칭의는 성화로 연결되고, 성화는 영화로 연결된다. 영화는 사람이 하나님의 영광을 회복하는 것이다. 믿는 자가 마지막 날에 얻는 영광이다. 이 미래의 영광이 구원의 최종 목적이다. 인간은 원래 영광스러운 존재로 창조되었다. 하나님께서 자신의 영광이 인간에게 반영되도록 하신 것이다. 그러나 인간의 타락으로 인해 그 영광을 잃어버렸다. 그래서 하나님의 자녀가 되어 그것을 되찾는 일이 필요하다. 그 영광을 되찾는 과정이 거듭남, 거룩한 삶, 영원한 생명이다. 이것을 신학적 용어로 표현한 것이 칭의, 성화, 영화이다. 이것이 바로 구원의 과정이다.

신의 지혜 신의 존재

하나님의 자녀

"그러나 누구든지 그분을 영접하는 사람들, 그분의 이름을 믿는 사람들에게는 하나님의 자녀가 되는 자격을 주셨습니다."(요한복음 1:12)

"성령께서는 친히 우리의 영과 함께 우리가 하나님의 자녀라는 것을 증언합니다."(로마서 8:16)

"사람들을 거룩하게 하신 예수님과 거룩하게 된 사람들은 모두 한 가족입니다. 그렇기 때문에 그분은 그들을 한 형제라고 부르는 것을 부끄러워하지 않으셨습니다."(히브리서 2:11)

"여러분의 몸은 하나님께 받은 것이며, 여러분 안에 거하시는 성령의 성전이라는 사실을 알지 못하십니까? 여러분은 여러분 자신의 것이 아닙니다."

(고린도전서 6:19)

성경은 성도를 가리켜 하나님의 자녀라고 합니다. 예수 그리스도의 형제라고 하고 성령의 전이라고 합니다. 믿는 자는 삼위일체 하나님과 관계가 있다는 뜻입니다. 이 중에서 가장 보편적인 개념이 하나님의 자녀입니다. 성경은 성도를 가리켜 보통 하나님의 자녀라고 부릅니다. 하나님은 하늘 아버지시라는 뜻입니다. 하나님은 세례를 받아 하나님의 자녀가 된 사람을 아버지로서 보살펴 주십니다. 이는 하나님과 믿는 자 사이의 깊고 친밀한 관계를 강조하는 표현입니다. 성도는 이 친밀한 관계를 통해 모든 은혜를 누립니다.

훌륭한 사람과의 친밀한 관계는 기쁨과 위안을 줍니다. 전능하신 하나님과의 친밀한 관계는 말할 필요가 없습니다. 그런데 하나님은 그런 친밀한 관계를 넘어서 아예 아버지가 되어 주십니다. 믿는 자는 아주 가까운 존재에게 무엇을 간구하는 것이 아니라 아버지께 간구하는 것입니다. 성도는 바로 그런 기쁨과 평안, 그리고 복을 누리는 사람입니다.

하나님의 자녀는 하나님이 일용할 양식을 허락하시고 건강을 지켜주시며 자녀들을 선한 길로 인도하시는 것을 체험합니다. 어려움에서 보호해주시고 고통에서 구해주시며 고난 중에 위로하시는 것을 체험합니다. 하나님께서 그 소원을 들어주시고 부르짖음에 응답하시는 것을 체험합니다. 하나님께서 그의 삶에 기쁨과 즐거움을 허락하십니다. 믿는 자는 하나님의 자녀로서 기도의 응답을 받습니다. 악한 영을 이기는 권세를 받습니다. 악한 영의 유혹과 시험을 이기고 거룩한 삶을 살 수 있습니다. 성도가 받는 모든 복은 하나님의 사랑으로 인한 것입니다.

하나님의 자녀는 이 세상에서 하나님의 은혜와 복을 경험합니다. 생활 속에서 하나님께서 베푸시는 자비와 인자하심을 경험하며, 하나님의 놀라운 은혜와 복을 받습니다. 그 은혜와 복은 사람이 생각하지 못한 놀라운 것입니다.

그러나 그런 것은 하나님이 베푸시는 은혜일뿐이며 그것이 구원의 목적은 아닙니다. 믿음의 궁극적 목적은 영원한 생명을 얻는 것입니다. 사람은 빈곤과 질병에서 구원받기 위해 예수를 믿는 것이 아닙니다. 그렇게 시작할 수는 있지만 그것이 목적이 될 수는 없습니다. 사람은 죄를 용서받고 영원한 생명을 얻기 위해 예수를 믿습니다.

그러므로 빈곤과 질병의 경우는 구원이 아닌 해방이라는 단어를 써야 합니다. 죄로부터의 구원과 혼동을 피하기 위해서입니다. 예수님은 우리를 죄에서 구원하시려고 이 세상에 오셨습니다. 그렇게 죄에서 구원 받은 사람은 때로 빈곤과 질병에서 해방되는 은혜를 누릴 수 있습니다.

예수 믿는 사람은 누구나 죄에서 구원을 받습니다. 말과 행동으로 지은 죄, 마음으로 지은 죄, 하나님을 인정하지 않은 죄, 모든 죄를 용서받습니다. 그것이 예수를 믿는 목적입니다. 그러나 예수 믿는다고 해서 누구나 빈곤과 질병에서 해방되는 것은 아닙니다. 그것이 예수를 믿는 목적이 아니기 때문입니다.

예수를 믿어도 여전히 가난하고 병든 사람이 있습니다. 예수를 믿은 후 가난해지거나 병들 수도 있습니다. 예수를 믿지만 가난하고, 병에 걸리고, 일찍 죽은 사람을 많이 있습니다. 하지만 그들 역시 예수 믿는 목적을 이룬 사람들입니다. 죄로부터 구원을 받은 것입니다. 그러나 하나님의 은혜는 사람마다 다릅니다. 병 고침을 얻는 사람도 있지만 아닌 사람도 있습니다. 형편이 나아진 사람도 있지만 아닌 사람도 있습니다. 그들은 다른 은혜를 받았을 것입니다.

예수를 믿어 죄로부터 구원받은 사람은 하나님의 자녀로 삽니다. 하나님과 화목하고 하나님과 동행하는 삶을 삽니다. 그래서 하나님의 도우심을 체험합니다. 하나님이 갈 길을 인도하시고, 어려움에서 보호하시고, 필요한 것을 채워주시는 것을 경험합니다. 많은 기독교인들이 그런 경험을 고백합니다.

구원 받은 사람은 마음의 평안을 얻습니다. 범사에 하나님을 인정하고 범사에 하나님을 의지하기 때문입니다. 나를 향한 하나님의 사랑을 믿기 때문입니다. 그래서 힘들고 어려울 때 기도로 인내합니다. 찬송으로 위로 받고 말씀으로 소망을 얻습니다. 예배로 기쁨을 얻습니다. 이것이 구원 받은 하나님의 자녀가 누리는 신앙의 열매입니다.

그리고 마지막에는 영원한 생명을 얻고 영원한 상급을 받습니다. 이것이 가장 귀한 구원의 결과입니다. 예수님이 이 세상에 오신 궁극적인 목적이 바로 사람의 영원한 생명과 상급입니다. 만약 영원한 생명과 상급이 없다면 굳이 예수만 믿을 필요가 없습니다. 예수를 믿지 않아도 일용할 양식을 얻을 수 있습니다. 사회에서 존경받을 수 있고 많은 사람들을 도울 수 있습니다. 다른 종교에서도 마음의 평안을 얻을 수 있고 위로 받을 수 있습니다. 희망의 사람이 될 수 있습니다.

그러나 예수를 믿지 않으면 영원한 생명과 상급을 받을 수 없습니다. 이 두 가지는 반드시 예수를 믿어야만 얻을 수 있습니다. 왜냐하면 예수를 통해서만 원죄와 자범죄를 용서받을 수 있기 때문입니다. 이것이 성경이 일관되게 강조하는 가르침입니다. 착한 사람이 천국에 가는 것이 아닙니다. 죄를 용서받은 거룩한 사람이 천국에 가는 것입니다.

바울은 고린도전서 15:19에서 '우리가 그리스도 안에서 소망하는 것이 이 세상 삶에 그친다면, 우리는 이 세상 어느 누구보다도 불쌍한 사람들일 것입니다'라고 말합니다. 만약 영원한 것이 없다면 예수 믿는 사람이 제일 어리석고 불쌍하다는 말입니다. 바울의 이 말은 영원한 생명과 상급이 분명히 있다는 뜻입니다. 예수께서 이를 위해 이 세상에 오셨습니다.

믿는 자의 진정한 소망은 천국에 있는 것이지 이 세상에 속한 것이 아닙니다. 하나님의 자녀는 천국 시민권을 가진 자로서 영원한 생명을 약속받은 사람입니다. 이 영생에 대한 약속은 막연하고 가치 없는 소망이 아닙니다. 죽을 수밖에 없는 사람에게 가장 현실적인 소망이며 가장 가치 있는 소망입니다. 죽음을 직면한 사람은 영생에 대한 약속이 진정한 소망임을 체험합니다. 선하신 하나님께서 가장 좋은 것을 인간들에게 약속하신 것입니다. 믿는 자는 장차 생명의 면류관을 받고, 부활의 몸으로 거룩하신 하나님과 영원히 함께 사는 약속을 받은 사람입니다.

하나님의 자녀가 해야 할 일도 있습니다. 우선 하나님을 전심으로 사랑하는 것입니다. 하나님을 온전히 신뢰하고 그 명령에 순종해야 합니다. 모든 일에 하나님을 인정하고 하나님을 의지해야 합니다. 그리고 이웃을 내 몸처럼 사랑해야 합니다. 이웃에 하나님의 사랑을 전하고 이웃의 어려움을 돌보아야 합니다. 이웃의 기쁨과 함께하고 이웃의 슬픔을 나누어야 합니다.

하나님의 자녀는 늘 거룩한 것을 사모하며 진리로 충만한 삶을 살아야 합니다. 그리스도의 성품을 가지고 하나님의 일에 헌신해야 합니다. 항상 말에 조심하여 교회에 덕이 되는 말, 이웃에 기쁨을 주는 말을 해야 합니다.

항상 기뻐하고 쉬지 않고 기도하며 범사에 감사해야 합니다. 하나님의 일을 사모하고 복음 전하는 일에 열심을 다해야 합니다. 그렇게 함으로써 세상이 알지 못하는 평안을 얻습니다.

말씀을 듣는 것도 중요하지만 그 말씀을 실천하는 것이 더 중요합니다. 믿음만으로 다 이룬 것이 아니며, 믿음 후에는 반드시 순종이 있어야 합니다. 그래야 온전한 하나님의 자녀가 될 수 있으며 하나님께서 약속하신 복을 받을 수 있습니다. 믿음의 고백은 있지만 거룩한 삶이 없는 경우가 있습니다. 성경은 그런 것을 죽은 믿음 또는 거짓 믿음이라고 합니다. 가난한 자를 보고 '하나님께서 은혜를 베푸시기를!'이라고 하면서, 그에게 필요한 것을 주지 않는 경우가 그렇습니다. 그래서 거룩한 삶이 꼭 필요합니다. 믿는 자는 다음과 같이 살아야 합니다.

"그러므로 죽게 될 여러분의 몸에 죄가 왕노릇 하여 몸의 욕심을 따라 살지 않도록 하십시오. 또한 여러분의 몸을 불의를 행하는 도구로 죄에게 내어 주지 말고, 죽은 자들 가운데에서 살아난 자들답게 여러분의 몸을 의를 행하는 도구로 여러분 자신을 하나님께 드리십시오."(로마서 6:12-13)

하나님 나라

구원의 마지막 결과는 하나님 나라에서의 영원한 삶입니다. 그런데 이 영원한 생명은 하나님 나라에서 함께 누리는 것입니다. 혼자 누리는 것이 아닙니다. 그래서 성경은 하나님 나라를 강조합니다. 하나님 나라가 복음의 핵심입니다. 천사 가브리엘이 마리아에게 예수의 탄생을 예고할 때, '보아라! 네가 아이를 임신하게 되어 아들을 낳을 것이다. 너는 그 이름을 예수라고 하여라. 그는 영원히 야곱의 집을 다스릴 것이며, 그의 나라는 끝이 없을 것이다'라고 말합니다.(누가복음 1:31, 33) 예수께서 영원히 다스리실 하나님 나라에 대해 말한 것입니다.

세례자 요한은 '회개하라 천국이 가까이 왔느니라'라고 선포하면서 사역을 시작했습니다. 예수께서도 같은 말씀으로 사역을 시작하셨습니다. 세례자 요한은 하나님 나라를 선포하면서 구세주의 길을 예비했습니다. 예수께서는 하나님 나라를 선포하시면서 구세주의 사명을 시작하셨습니다. 바울 역시 하나님 나라를 전파하였습니다. 하나님 나라는 이 세상에 속한 나라가 아닙니다.(요한복음 18:36) 그 나라는 하늘에 있으며 지금도 존재하고 있습니다.(마태복음 25:34)

구원 받은 성도들은 하나님 나라에서 흰 옷을 입고 삽니다. 그 옷은 영원한 생명의 옷입니다. 예수님은 구원 받은 자들에게 하늘의 흰 옷을 약속하십니다. 예수 그리스도의 옷이며(마태복음 17:2), 천사들의 옷입니다.(마태복음 28:3, 요한복음 20:12, 사도행전 1:10) 하늘 백성의 옷입니다.(요한계시록 7:9, 13) 흰 옷은 거룩함과 구원의 상징입니다. 거룩한 자들만이 흰 옷을 입고 예수 그리스도와 '함께 다니는' 영광을 누릴 수 있습니다. 그 옷은 하나님이 입으신 옷과 같습니다. 다니엘 7:9는 하나님의 옷이 눈 같이 희다고 합니다.

"보좌들이 자리에 놓인 것도 보았다. 영원 전부터 살아 계신 하나님이 그 보좌 가운데 앉으셨다. 하나님의 옷은 눈처럼 희고, 머리카락은 양털처럼 깨끗했다. 그 보좌에는 불꽃이 타오르고 있었고, 보좌의 바퀴에서는 불길이 이글거렸다."(다니엘 7:9)

하나님께서 흰 옷 입은 자들의 눈에서 모든 눈물을 씻어 주십니다.(요한계시록 7:17) 이는 하나님의 위로가 극대화된 표현입니다. 하나님께서 직접 박해받은 자들의 눈물을 닦아주십니다. 흰 옷 입은 자들은 다시 죽을 수 없고 천사와 같이 됩니다. 그들이 진정한 의미로 하나님의 자녀들입니다. 그 때가 바로 예수께서 '모든 권력과 모든 권세와 능력을 멸하고, 나라를 하나님 아버지께 돌려드릴 마지막 때'입니다.(고린도전서 15:24) 그 하나님 나라는 하나님께서 창세로부터 마련해 놓으신 믿는 자들의 안식처입니다.

사람의 지혜는 구원을 이렇게 말하지 않습니다. 구원의 방법과 과정, 그 결과가 성경의 그것과 아주 다릅니다. 사람이 생각하는 구원이란 참된 자아의 발견 같은 것입니다. 지금보다 좀 더 나은 자신을 발견하는 것입니다. 그것은 성경이 말하는 죽음으로부터의 구원이 아닙니다. 사람의 힘으로는 죽음을 극복할 수 없기 때문입니다. 그래서 아예 죽음으로부터의 구원 같은 것은 생각하지도 못합니다.

사람의 지혜가 생각하는 구원의 과정은 고행, 선행, 노력, 인내 같은 것입니다. 그것은 성경이 말하는 하나님의 은혜와 다릅니다. 사람의 지혜는 신의 은혜로 구원받는 것을 생각하지 못합니다. 인간의 선행과 고행과 노력과 인내로 인한 구원을 생각할 수 있을 뿐입니다.

사람의 지혜가 생각하는 구원의 결과는 하나님 나라가 아닙니다. 깨달음이 주는 기쁨을 얻거나 다시 인간으로의 환생하는 것입니다. 성경이 말하는 하나님의 나라에서의 영원한 삶이 아닙니다. 사람의 지혜로는 부활의 몸이나 하나님 나라를 생각할 수 없습니다. 영원한 삶을 구체적으로 알 수 없습니다. 본 적이 없기 때문입니다. 그저 막연히 좋은 곳, 영원한 곳을 상상할 수 있을 뿐입니다. 사람의 지혜는 성경이 말하는 구원을 말할 수 없습니다. 십자가 은혜, 거듭남, 칭의, 성화, 영화를 알 수 없습니다. 부활과 영원한 생명, 하나님 나라를 생각할 수 없습니다. 오직 하나님의 지혜만이 이런 것을 계시할 수 있습니다.

세상과 인류의 마지막을 계시

5장

성경의 종말

하나님의 네 번째 지혜를 소개합니다. 그것은 세상과 인류의 마지막에 대한 지혜입니다. 하나님께서 역사의 종말과 인류의 심판을 주관하십니다.

1992년 10월 28일에 다미선교회 시한부종말론 소동이 있었습니다. 그날 세상의 종말이 오면서 밤 12시에 휴거(携擧)가 일어날 것이라는 소동이었습니다. '다가올 미래를 준비하는 선교회' 소속 신도들이 휴거를 경험한다고 해서 한국 사회가 시끄러웠습니다. 그러나 막상 그날 그 시간에는 아무런 일도 일어나지 않았습니다.

1992년 경찰 집계에 따르면 당시 시한부 종말론으로 자살 2명, 직장 사직 7명, 학업 중단 및 가출 21명, 이혼 등 가정불화 24명 등의 피해가 발생했다고 합니다. 당시 다미선교회를 이끌었던 이장림 목사는 사기 혐의로 징역 1년을 선고받았습니다. 출소 후 새로운 삶을 살겠다고 이름을 바꾸었습니다. 그리고 시한부 종말론이 잘못되었음을 인정했습니다.

이런 식의 휴거 소동은 훨씬 이전부터 있었습니다. 미국의 윌리엄 밀러(William Miller, 1782-1849)는 요한계시록과 다니엘서를 문자적으로 읽은 후, 그리스도의 재림을 1843년 어느 때라고 계산했습니다. 1844년 3월까지 아무 일이 일어나지 않자 잘못을 인정하고, 1844년 10월 22일이라고 다시 계산했습니다. 대략 50만 명의 미국인들이 그날 그리스도의 재림을 기다렸습니다. 그 중 약 5만 명은 재산을 팔아 나누어주거나 직업을 버리고 시골에 나가 천국으로 들림 받기를 기다렸습니다. 그러나 이날은 결국 '대 실망의 날'로 끝나고 말았습니다.(David L. Barr, Tales of the End, Polebridge Press, 1998, 152쪽에서 인용)

※ 휴거설(携擧說): 예수 그리스도가 재림할 때 그때까지 살아 있던 성도들이 공중으로 들림을 받아 예수를 만나며 그래서 무서운 환난을 피한다는 주장. 휴거는 '이끌어 가다'라는 뜻이다. 일부 사람들이 데살로니가전서 4:16-17, 고린도전서 15:52 등을 휴거설의 근거로 주장한다. 그러나 이런 말씀은 그리스도가 재림할 때 그때까지 살아 있는 모든 사람이 심판을 위한 몸으로 변화한다는 뜻이다. 믿는 자만 들림을 받아 환난을 피한다는 휴거설은 성경을 잘못 이해한 것이다.

기독교인들이 종말에 관심을 가지는 근본적인 이유는 성경이 종말을 강조하기 때문입니다. 성경은 분명히 종말을 강조합니다. 종말은 그저 스쳐 지나가는 가벼운 이야기, 무시해도 좋은 작은 교리가 아닙니다. 성경의 시작은 창세기의 '창조 이야기'지만, 성경의 끝은 요한계시록의 '종말 이야기'입니다. 구조적으로 이야기하면 종말이 성경의 결론입니다. 더군다나 성경의 마지막 책 요한계시록은 책 전체가 세상 종말에 대한 내용입니다. 그러므로 성경은 창조로 시작해서 종말로 끝난다고 할 수 있습니다. 성경은 창조만큼 종말도 강조합니다. 이를 '알파와 오메가'라는 하나님 칭호에서 알 수 있습니다.

하나님은 자신을 '알파와 오메가'로 소개하십니다.(요한계시록 1:8, 21:6, 22:13) 여기서 알파는 창조, 오메가는 종말을 상징합니다. 알파(A)는 그리스 알파벳의 첫 글자이며 오메가(Ω)는 마지막 글자입니다.(영어로 치면 A와 Z) 이 이름은 구약성경의 '나는 처음이요 나는 마지막이라'는 말씀에서 유래한 것입니다.(이사야 41:4, 44:6, 48:12) '알파와 오메가'는 하나님이 세상을 처음부터 끝까지 주관하신다는 뜻입니다. 성경은 이렇게 종말을 강조합니다. 세상과 역사의 종말이 반드시 있다고 가르칩니다.

성경만 종말에 대한 관심을 보이는 것은 아닙니다. 대부분의 종교가 나름대로 종말 사상을 가지고 있습니다. 예를 들어 불교는 파멸적 종말이 아닌 낙관적 종말 사상을 가지고 있습니다. 회교는 기독교의 영향을 받은 것 같은 종말 사상을 가지고 있습니다. 세상도 종말에 대한 관심을 가지고 있습니다. 그래서 때로 종말 예언이 세상에 크게 유행합니다. 한때 노스트라다무스의 종말 예언이 유명했습니다. 2012년에는 마야 달력에 의한 종말 예언이 유행을 했습니다.

사람들은 종말의 원인으로 소행성과의 충돌, 제3차 세계대전, 지구 온난화로 인한 자연 재해, 산업 쓰레기로 인한 환경 재해, 자원 고갈 등을 생각합니다. 사람들은 전쟁이나 기근, 전염병이나 지진, 경제적 혼란 등으로 삶이 몹시 불안할 때 종말에 관심을 가집니다. 이런 불안감을 이용해 돈을 목적으로 종말론을 만들어내는 사람들도 있습니다. 아무튼 성경만 종말을 강조하는 것이 아닙니다. 그래서 종말에 대한 관심은 보편적인 것이라 할 수도 있습니다.

그러나 성경의 종말과 세상이 생각하는 종말에는 근본적인 차이점이 있습니다. 성경의 종말은 철저히 하나님의 계획에 의한 것으로 하나님의 심판과 관계가 있습니다. 그 심판은 세상의 악과 인간의 죄를 심판하시는 것입니다. 반면에 세상이 생각하는 종말은 인간의 잘못이나 자연 재해로 인한 것입니다. 하나님의 심판이 아닙니다. 인간이 원치 않는 일이 예상치 못한 이유로 일어나는 것입니다.

그러므로 세상이 말하는 종말을 안다고 해서 성경의 종말을 안다고 할 수 없습니다. 이 둘은 완전히 다른 것으로 조금도 비슷하지 않습니다. 성경의 종말은 온전히 하나님의 지혜입니다. 그러나 세상이 말하는 종말은 그저 사람의 생각일 뿐입니다. 종말은 철저히 미래적 사건으로 이를 본 사람은 없습니다. 그래서 인간이 생각하는 종말은 인간의 상상입니다. 그러나 하나님은 이를 정확하게 아십니다. 오메가의 하나님이시기 때문에 그렇습니다. 하나님이 종말을 주관하십니다. 종말은 하나님의 절대 주권 아래 있습니다. 그래서 성경이 말하는 종말에 귀 기울이는 사람이 지혜로운 사람입니다.

"옛날에는 하나님께서 예언자를 통해 우리 조상들에게 여러 가지 방법으로 수없이 말씀하셨습니다. 그러나 이제 마지막 때에는 하나님께서 그의 아들을 통하여 우리에게 말씀하십니다. 하나님께서는 그의 아들을 상속자로 삼으시고, 그를 통해 세상을 창조하셨습니다."(히브리서 1:1-2)

성경의 종말을 바로 이해하기 위해서 우선 성경의 시간 구분을 이해해야 합니다. 성경은 시간을 예수님이 이 세상에 오시기 전과 오신 후로 구분합니다. 오시기 전을 '옛적'(*palai*, 팔라이)이라고 하고 오신 후를 '마지막'(*eschatos*, 에스카토스)이라고 합니다. 이는 예수님이 이 세상에 오신 것을 기점으로 해서 옛날이 끝나고 마지막이 시작되었다는 뜻입니다.(고린도전서 10:11, 디모데후서 3:1, 야고보서 5:3, 베드로후서 3:3 참고) 이 마지막이 말세 또는 종말을 의미합니다. 앞에서 인용한 히브리서 1:1-2가 이를 확실히 밝혀줍니다. 그리고 이 종말은 '마지막 때'와 '마지막 날'로 구분됩니다.

신의 지혜 신의 존재

마지막 때

성경은 종말을 '마지막 때'와 '마지막 날'로 구분하는데 이 둘의 의미와 차이점을 알아야 합니다. 마지막 때는 2천 년 전 나사렛 예수의 탄생으로부터 시작되어, 앞으로 예수님이 다시 이 세상에 오실 때까지를 의미합니다. 현재는 마지막 때에 속하는 기간입니다. 마지막 때는 '그리스도의 비밀이 밝혀진 때'를 말합니다.(로마서 16:25-26) 이는 그리스도의 오심과 함께 시작되었습니다. 성경의 마지막 때는 예수 그리스도의 탄생과 재림 사이가 분명합니다.

"하나님께서는 내가 전파한 복음과 예수 그리스도에 관한 설교를 통해, 그리고 과거 오랜 세월 동안, 감추어 두셨던 비밀을 밝히 드러내심으로써 여러분을 굳세게 하십니다. 그 비밀이 지금은 밝히 드러났고, 영원하신 하나님의 명령대로 예언자들의 글을 통해 알려져 모든 이방인들이 믿고 순종하게 되었습니다."

(로마서 16:25-26)

마지막 날은 예수 그리스도의 재림으로 시작됩니다. 예수님이 이 세상에 다시 오시는 날이 마지막 날의 시작인 것입니다. 이 마지막 날에 사탄의 멸망, 부활과 심판, 새 예루살렘의 도래가 있습니다. 믿는 자는 지금 마지막 때를 살면서 마지막 날을 기다리고 있는 것입니다. 믿지 않는 자는 마지막 때를 살고 있지만 마지막 날을 모르고 있습니다.

신약성경이 기록된 1세기 성도들도 마지막 때를 살았습니다. 교회 개혁에 목숨을 걸었던 16세기 종교개혁자들도 마지막 때를 살았습니다. 21세기를 사는 현대인도 마지막 때를 살고 있습니다. 예수님 이후 모든 시대 모든 교회가 마지막 때를 살았고 지금 살고 있습니다. 그리고 마지막 날을 기다렸고 지금 기다리고 있습니다.

종말에 대한 성경의 가르침은 성경의 마지막 책 요한계시록에 집중되어 있습니다. 요한계시록은 종말을 위한 특별한 책입니다. 그래서 성경의 종말을 알기 위해서는 요한계시록 이해가 필수적입니다. 요한계시록은 그리스도의 탄생과 재림 사이 모든 시대 모든 교회를 위한 말씀입니다. 요한계시록은 반드시 이 사실에 기초해서 해석해야 합니다. 요한계시록은 어느 특정 시대를 위한 말씀이 아닙니다. 그리스도의 탄생에서 재림까지를 위한 말씀입니다.

요한계시록의 모든 말씀이 그리스도의 탄생과 재림 사이에 해당되는 상징들입니다. 요한계시록에 무서운 재앙에 대한 환상이 있습니다. '일곱 인 (도장)의 재앙, 일곱 나팔의 재앙, 일곱 대접의 재앙'입니다. 마지막 때에 많은 재앙이 있을 것이라는 예언입니다. 그렇지만 이런 요한계시록의 환상은 특정 시대, 특정 인물, 특정 사건을 가리키는 수수께끼가 아닙니다. 그리스도의 탄생과 재림 사이의 모든 시대, 모든 인물, 모든 역사를 포괄하는 상징입니다.

그러므로 세 번의 일곱 재앙을 현대의 핵무기와 화학무기 같은 대량 살상 무기로 설명하는 것은 옳지 않습니다. 뿔이 열이고 머리가 일곱인 짐승을 '유럽 연합'(European Union, EU)과 연결하는 것도 옳지 않습니다. 짐승의 표(666)를 바코드나 베리칩(VeriChip) 같은 현대적 발명품으로 설명하는 것도 틀린 말입니다. 이런 설명은 1-20세기는 종말이 아니었다는 것으로 21세기에 비로소 종말이 시작되었다는 말입니다. 이는 요한계시록을 노스트라다무스(Nostradamus)의 예언처럼 해석하는 것입니다. 결코 옳은 해석이 아닙니다.

그런 해석에 심각한 문제가 있습니다. 그런 해석은 요한계시록을 21세기 이전에는 무의미한 책으로 만들기 때문입니다. 20세기까지의 교회는 마지막 때에 존재한 교회가 아니기 때문입니다. 그런 해석은 성경의 종말 이해와 일치하지 않습니다. 성경이 말하는 종말은 예수 그리스도의 오심과 더불어 시작되었기 때문입니다. 무엇보다 그런 해석은 예수 그리스도의 재림이 늦어질 때 모두 틀린 해석이 됩니다. 만약 그리스도의 재림이 22세기에 일어난다면, 21세기 상황에 맞춘 모든 해석은 단숨에 오류가 됩니다. 요한계시록을 그렇게 해석하는 것은 큰 오류입니다.

마지막 때의 사건들

1976년에 〈오멘〉(The Omen)이라는 영화가 있었습니다. 오멘은 '징조, 조짐'이라는 뜻입니다. 내용은 대략 이렇습니다. 고위 외교관인 로버트 쏜 부부는 고대하던 아이를 출산합니다. 기쁨도 잠시 갓 태어난 아이는 죽고, 로버트는 같은 날 6월 6일 새벽 6시에 출생한 아이를 아내 몰래 입양하여 친자식처럼 키웁니다. 아들 데미안의 5살 생일파티에서 보모가 건물 난간에 목을 매달아 자살합니다. 데미안 주변에 불길한 징조(omen)는 계속되는데 브레넌 신부가 갑자기 찾아와 경고합니다. '데미안은 악마의 아들이고 없애지 않으면 둘째 아이를 유산하며, 로버트의 지위를 이용해서 인류를 지배할 목적을 갖고 있다'는 충격적인 예언이었습니다.

로버트는 이 경고를 묵살했습니다. 그러나 신부가 의문의 죽음을 당한 이후 그의 예언이 맞아떨어지기 시작합니다. 그래서 데미안의 진실을 파헤치기 시작합니다. 로버트는 애지중지 친자식처럼 키웠던 데미안의 머릿속에서 적그리스도이자 악마의 표식인 666을 발견합니다. 그러나 영적 싸움에서 데미안은 승리하고 로버트의 장례식장에서 소름끼치는 미소를 짓습니다.

영화 〈오멘〉은 흥행에 크게 성공했습니다. 원작 소설보다 영화가 더 유명세를 떨쳤고 속편도 4편까지 만들어졌습니다. 기독교 문화권인 서양에서 요한계시록은 이렇게 호러 영화의 단골 소재로도 이용됩니다. 요한계시록의 환상이 주는 두려움에 성경이 주는 무게감이 더해져서 그렇습니다.

요한계시록이 말하는 마지막 때의 특징은 환난과 재앙입니다. 그리스도의 탄생과 재림 사이의 기간에 환난과 재앙이 계속 될 것이라고 합니다. 요한계시록의 일곱 봉인, 일곱 나팔, 일곱 대접 환상이 이를 의미합니다. 각각 일곱 개의 환상으로 이루어진 이 환상들은 무서운 환난과 재앙의 연속입니다. 자연 재해와 파괴, 고통과 죽음이 가득 차 있습니다. 일곱 봉인이 열릴 때 큰 지진이 나고 해가 검어집니다. 달이 핏빛이 되고 별들이 땅에 떨어집니다. 일곱 나팔을 불 때 땅의 삼분의 일이 불타고 바다의 삼분의 일이 피가 됩니다. 해, 달, 별의 삼분의 일이 어두워집니다. 그리고 많은 사람이 죽습니다. 일곱 대접이 쏟아질 때 독한 종기가 나고 바다 생물이 죽습니다. 해가 사람들을 태우고 큰 지진이 일어납니다.

이 말씀처럼 세상에는 환난과 재앙이 끊임없이 계속 됩니다. 전쟁, 지진, 쓰나미, 전염병, 각종 대형 사고가 끝이 나는 법이 없습니다. 20세기만 해도 제1차, 제2차 세계대전이 일어나 수없이 많은 사람들이 희생되었습니다. 대지진이 거의 해마다 일어나 많은 사람들이 생명을 잃습니다. 2004년 인도네시아의 쓰나미와 2011년 일본 후쿠시마의 쓰나미는 세계적인 충격을 주었습니다. 전염병도 해마다 많은 사람들의 생명을 앗아갑니다. 각종 대형 사고 역시 잊을 만하면 터지곤 합니다. 한국도 육이오 전쟁을 비롯해서 전 국민이 마음에 큰 상처를 입는 사건들을 많이 겪었습니다. 지난 20세기 동안 있었던 각종 재난을 일일이 나열하자면 끝이 없을 것입니다. 마지막 때의 세상은 과연 일곱 봉인, 일곱 나팔, 일곱 대접 환상이 말하는 것처럼 환난과 재앙이 계속되고 있습니다. 2019년 말부터 시작된 코로나19도 마찬가지입니다.

마지막 때의 또 다른 특징은 교회에 대한 박해와 유혹입니다. 그리스도의 탄생과 재림 사이의 기간에 사탄이 교회를 유혹하고 세상이 기독교인을 박해합니다. 이 사실을 요한계시록의 '용과 두 짐승'(12-13장), 그리고 '짐승을 탄 여자 환상'(17장)에서 알 수 있습니다. 사탄은 하나님의 구원 계획을 방해하면서 하나님의 백성을 공격합니다. 교회를 유혹합니다. 그 목적은 하나님을 배반하고 그리스도를 떠나게 하는 것입니다. 믿는 자를 생명의 길에서 벗어나게 해 죽음의 길로 유혹하는 것입니다. 사탄은 이 목적을 한 순간도 잊은 적이 없습니다. 수단과 방법을 가리지 않고 인간을 영원한 죽음의 길로 끌고 가려고 합니다. 마지막 날이 가까워질수록 그 활동이 더욱 강해집니다. 마지막 때야말로 사탄이 준동하는 때입니다.

교회에 대한 박해와 기독교인에 대한 핍박은 여전히 살아 있습니다. 회교 국가들은 전반적으로 반 기독교적입니다. 세력이 많이 약해지긴 했지만 공산주의 역시 반 기독교적입니다. 그들은 교회를 박해하고 기독교인을 핍박합니다. 오늘날 회교 국가에서는 기독교인이라는 이유만으로 살해당하는 사람들이 있습니다. 교회에 대한 박해와 기독교인에 대한 핍박이 마지막 때의 특징입니다.

마지막 때에 사람들은 영적으로 하나님의 인침을 받든지 짐승의 표를 받습니다. 하나님을 섬기는 자들은 이마에 하나님의 도장을 받습니다. 그렇지 않은 자들은 오른손이나 이마에 짐승의 표를 받습니다. 사람은 영원한 생명을 얻든지 영원한 죽음을 당하게 된다는 뜻입니다. 요한계시록 13:16은 이 짐승의 표를 666이라고 합니다. 666은 사탄의 세력을 섬기는 것을 의미하며 거짓의 상징입니다. 사탄의 거짓과 여기에 속은 사람을 의미합니다.

666에 대한 나쁜 설명은 이를 히틀러 같은 현대의 인물과 동일시하는 것입니다. 666은 어떤 역사적 폭군을 말하는 것이 아닙니다. 기독교 진리에 거짓을 섞어 교리적 오류와 윤리적 타락을 초래하는 모든 권력을 말합니다. 그리고 또 다른 나쁜 설명은 666을 베리칩(VeriChip)과 같은 현대의 발명품으로 설명하는 것입니다. 베리칩은 몸 안에 이식이 가능한 전자 칩(chip)으로 신분증 역할을 합니다. 이런 설명이 나쁜 이유는, 만약 그렇다면 예수님의 탄생 후 베리칩이 발명되기까지 짐승의 표를 받은 자가 아무도 없기 때문입니다. '하나님의 인침'(요한계시록 8:3-4)이 영적인 것처럼 '짐승의 표' 역시 영적인 것입니다. 하나님의 인침을 받은 자은 그리스도 이후 지금까지 계속 존재하고 있습니다. 짐승의 표를 받은 자도 마찬가지입니다.

마지막 날

성경의 종말을 바로 이해하는 또 다른 열쇠는 '마지막 날' 개념입니다. 마지막 날은 예수께서 재림하시는 날입니다. 심판의 날이고 부활의 날입니다. 마지막 날에 성도들이 부활한다는 사실이 요한복음에 집중적으로 나타납니다.(요한복음 6:39, 40, 44, 54, 11:24, 12:48) 이 날은 새 예루살렘이 도래하는 날이기도 합니다.

요한계시록은 결과적으로 이 마지막 날을 약속하는 책입니다. 마지막 날이 분명히 있으므로 이 날을 소망하라는 것입니다. 그러므로 요한계시록은 마지막 때와 더불어 마지막 날 개념에 기초해서 해석해야 합니다. 요한계시록은 마지막 때를 살면서 마지막 날을 소망하는 하나님 백성을 위한 책입니다. 그래서 요한계시록의 끝부분은 마지막 날에 관한 것입니다.

요한계시록은 '오늘'을 사는 사람들에게 '마지막 날'에 대한 소망을 줍니다. 현재의 고난을 부활의 날에 대한 소망으로 이기라고 합니다. 그 부활의 날이 멀지 않은 이유는 지금이 마지막 때이기 때문입니다. 이 사실이 모든 시대 모든 교회에 해당됩니다. 그러므로 교회는 처음부터 종말론적 소망을 가진 공동체였습니다. 요한계시록의 환상을 특정 시대 인물이나 사건이나 나라에 대입해서는 안 됩니다. 오직 마지막 때와 마지막 날 개념으로 설명해야 합니다.

요한계시록은 최후 심판의 시간표가 아닙니다. 요한계시록은 마지막 날에 대한 약속일 뿐 마지막 날의 시간표가 아닙니다. 하나님은 요한계시록을 통해 최후 심판을 경고하셨을 뿐 그날이 언제인지 발표하신 것이 아닙니다. 그날은 아무도 알지 못합니다. 사람은 물론 천사도 알지 못합니다. 심지어 예수님조차 모르십니다. 오직 성부 하나님만 그날이 언제인지 아십니다.(마태복음 24:36, 42, 44)

요한계시록은 마지막 때를 사는 하나님 백성의 영적 실존에 대한 이야기입니다. 하나님의 백성은 항상 사탄의 유혹을 받고 그를 따르는 무리의 박해에 노출되어 있습니다. 그래서 많은 고난이 따릅니다. 그러나 결국은 의의 최후 승리를 경험할 것입니다. 그 마지막 날의 승리를 소망하면서, 마지막 때의 유혹과 박해를 이겨야 합니다. 이것이 요한계시록을 해석하는 열쇠입니다.

요한계시록은 마지막 날을 소망하면서 그리스도 재림 때까지 사탄의 세력을 이기라고 합니다. 최후 승리를 믿고 끝까지 인내하라고 합니다. 박해로 흘린 피를 하나님께서 반드시 신원해 주실 것이라고 약속합니다. 그 기간은 그리스도가 오신 때부터 다시 오실 때까지입니다. 예수께서 이 세상에 오심으로써 하나님의 구원 계획의 핵심이 밝혀졌습니다. 그것은 부활과 영원한 생명입니다. 사탄도 이 사실을 알게 되었습니다. 그래서 사탄은 예수께서 다시 이 세상에 오시는 마지막 날까지, 온갖 방법을 동원해 하나님의 백성을 유혹합니다. 요한계시록은 이 사실을 깨닫도록 합니다. 그래서 사탄의 유혹을 이기고 하나님 나라에서 세세토록 왕 노릇하라고 합니다.

　　마지막 날은 새 예루살렘과 깊은 관계가 있습니다.(요한계시록 21:9-22:5) 새 예루살렘이 마지막 날의 핵심입니다. 그리스도의 재림으로 부활의 몸을 얻은 성도들은 새 예루살렘에서 영원히 삽니다. 그래서 요한계시록은 새 예루살렘에 대한 환상으로 마무리됩니다. 요한계시록의 결론이 새 예루살렘이라는 뜻입니다. 재림하신 그리스도는 '내 아버지로부터 복을 받은 너희들이여, 와서 세상이 만들어질 때부터 하나님께서 너희를 위해 준비하신 나라를 물려받아라'고 말씀하십니다.(마태복음 25:34) 새 예루살렘은 하나님 나라의 완성을 뜻하며 이는 창세로부터 미리 준비된 나라입니다.

마지막 날의 사건들

　마지막 날에 일어날 첫 번째 사건은 그리스도의 재림입니다. 성경은 부활하신 예수님이 승천하셨고, 승천하신 예수님은 반드시 재림하신다고 합니다. 예수께서 이 세상에 다시 오신다는 것입니다. 그렇게 예수께서 다시 오심으로 인해 마지막 때가 끝나고 마지막 날이 시작됩니다.

"그 환난의 날이 지난 직후에 태양이 어두워지고, 달이 그 빛을 잃을 것이다. 별들이 하늘에서 떨어지고, 하늘에 있는 모든 권세가 흔들릴 것이다. 그 때에 인자가 올 징조가 하늘에 있을 것이다. 그 때에 세상의 모든 민족들이 울며, 인자가 큰 권능과 영광으로 하늘 구름을 타고 오는 것을 볼 것이다. 인자가 큰 나팔 소리와 함께 천사들을 보낼 것이다. 그들은 하늘 이 끝에서 저 끝까지 사방에서 택함받은 백성들을 모을 것이다."(마태복음 24:29-31)

"보십시오. 예수님은 구름을 타고 오실 것입니다. 모든 사람이 그분을 보게 될 것이며, 그분을 창으로 찌른 자들도 보게 될 것입니다. 이 땅의 모든 민족들이 그분 때문에 크게 울 것입니다. 분명히 이 일은 일어날 것입니다! 아멘"(요한계시록 1:7)

성경에 그리스도의 재림에 대한 말씀이 많지만 이런 말씀이 가장 대표적인 말씀입니다. 예수 그리스도의 재림은 성경이 누누이 강조하는 사실로 반드시 일어납니다. 그러므로 이를 부인하는 일은 매우 어리석습니다. 그리스도의 재림으로 인해 기존 세상이 끝이 납니다. 기존의 세상 질서가 무너지고 새로운 질서가 시작되는 것입니다. 요한계시록은 이 사실을 '음녀 바벨론의 멸망'(요한계시록 18장)과 '아마겟돈 전쟁'(요한계시록 16:16)이라는 상징으로 설명합니다.

마지막 날에 일어날 두 번째 사건은 그리스도의 최후 승리입니다. 이는 사탄의 멸망을 의미합니다. 마지막 때에 사탄은 사람들을 유혹해 짐승의 표(666)를 주기 위하여 온갖 방법을 다 사용합니다. 교회를 핍박하고 유혹해서 하나님의 구원 계획을 방해하려고 갖은 애를 씁니다. 그러나 이 선과 악의 싸움에서 결국 그리스도가 승리합니다. 하늘에서 불이 내려와 사탄의 세력을 모두 태워버립니다. 사탄은 불과 유황 못에 던져집니다. 유황불은 영원히 꺼지지 않는 불로 가장 고통스러운 형벌을 의미합니다. 선과 악의 마지막 싸움은 이렇게 그리스도의 완벽한 승리로 끝이 납니다. 요한계시록에 이 싸움에 대한 상세한 묘사가 없습니다. 그 이유는 사탄과의 싸움이 성도들의 몫이 아니기 때문일 것입니다. 하나님께서 사탄을 이기십니다. 요한계시록은 이 싸움을 '곡과 마곡의 전쟁'(요한계시록 20:8)이라는 상징으로 설명합니다. 이는 실제 전쟁이 아니라 영적 싸움입니다.

마지막 날에 일어날 세 번째 사건은 부활과 최후 심판입니다. 성경은 부활과 최후 심판을 강조합니다. 이 두 가지가 구원의 핵심이고 예수 그리스도의 주된 사명입니다. 예수님은 부활이 있음을 알리기 위해 이 세상에 오셨고 최후 심판을 위해 다시 오십니다. 성경은 부활을 약속합니다. 그래서 기독교를 부활의 종교라고 합니다.

예수님은 '나는 부활이요 생명이다. 나를 믿는 사람은 설령 죽는다 해도 살 것이며, 살아서 나를 믿는 사람은 그 누가 되었든지 결코 죽지 않을 것이다'라고 말씀하셨습니다.(요한복음 11:25-26) 그리고 부활의 첫 열매가 되셨습니다.(고린도전서 15:20, 23) 사도들은 복음을 전할 때 부활과 하나님 나라를 핵심으로 전했습니다.(사도행전 4:2, 33, 8:12, 17:18, 20:25, 28:23) 예수님의 제자들은 곧 부활의 증인이었습니다.

마지막 날에 모든 사람이 부활의 몸을 얻습니다. 재림 전에 죽은 자들은 부활의 몸으로 부활합니다. 살아 있는 자들은 부활의 몸으로 변화됩니다. 사람은 상상조차 할 수 없는 이 놀라운 일을 하나님이 하십니다. 우주를 창조하신 전지전능하신 분이시기 때문입니다. 사람은 부활의 몸을 얻은 후에 그리스도의 심판을 받습니다. 하나님의 인침을 받은 자는 영원한 생명을 얻고 부활의 나라에 들어갑니다.(생명의 부활) 짐승의 표를 가진 자는 영원한 벌을 받아 지옥에 던져집니다.(죽음의 부활) 성경은 이것을 '둘째 사망'(요한계시록 2:11, 20:6, 14, 21:8)이라 합니다. 둘째 사망은 영원한 죽음, 영원한 형벌을 의미합니다.

마지막 날에 일어날 네 번째 사건은 새 예루살렘의 도래(到來)입니다. 새 예루살렘은 부활의 나라에 대한 상징입니다. 부활의 나라는 하나님의 백성이 부활의 몸으로 영원히 사는 나라입니다. 모든 시대 모든 민족의 구원받은 자들이, 시대와 혈통, 언어와 민족, 언제 어디서 어떻게 죽었는가에 상관없이 영원히 함께 사는 나라입니다. 그들은 하나님을 섬기며 하나님의 위로를 받습니다.

그 나라에는 하나님을 대적하는 세력이 없습니다. 두 번 다시 저주가 없으며 눈물, 죽음, 슬픔, 울음, 아픔이 없습니다. 비겁한 자, 믿지 않는 자, 악을 행하는 자, 살인하고 음란한 자, 마술을 행하고 우상숭배 하는 자, 거짓말 하는 자가 없습니다. 성전, 해, 달이 없고 성문이 닫히지 않습니다. 하나님과 예수 그리스도가 곧 성전이시고, 하나님의 영광이 비치고, 밤이 없기 때문입니다. 그 나라는 사람들이 만국의 영광과 존귀를 가지고 들어가는 나라입니다. 생명수 강과 생명나무가 있고 다시는 저주가 없습니다. 그 나라 백성의 이마에는 하나님의 이름이 있으며 그들은 하나님의 얼굴을 봅니다. 그 나라는 영원히 존재합니다. 성경은 이런 나라를 약속합니다.

부활의 나라는 거룩한 나라입니다. 거룩하신 하나님이 계시는 곳으로 거룩한 자들만 들어갈 수 있습니다. 속된 자나 가증한 자, 거짓말하는 자는 들어갈 수 없습니다. 오직 생명책에 이름이 기록된 자들만 들어갈 수 있습니다. 성도들이 새 예루살렘에서 하나님의 얼굴을 볼 수 있습니다.(요한계시록 22:4) 그들이 온전히 거룩한 자들이기 때문입니다.

그리고 부활의 나라는 영광의 나라입니다. 새 예루살렘의 성벽은 벽옥으로 지어졌습니다. 도성은 수정같이 맑은 정금으로 되어 있습니다. 벽의 주춧돌에는 보석이 박혀 있고 성문은 진주로 되어 있습니다. 이것은 새 예루살렘의 영광을 나타내는 표현입니다. 새 예루살렘은 하나님의 영광이 가득한 나라입니다.(요한계시록 21:11) 햇빛과 달빛이 필요 없습니다. 하나님의 영광이 가득 차 있기 때문입니다. 그리고 사람들은 자기 영광을 가지고 그 나라에 들어갑니다.(요한계시록 21:24, 26) 새 예루살렘은 외관과 내부 모두 영광이 넘치는 나라입니다. 모든 것이 새롭고 모든 것이 평화롭습니다. 그리고 하나님께서 친히 새 예루살렘 백성의 눈물을 닦아주십니다. (요한계시록 21:4)

요한계시록은 부활의 나라를 약속하는 책입니다. 모든 환상이 궁극적으로 새 예루살렘의 도래를 약속합니다. 요한이 본 마지막 환상이 새 예루살렘입니다.(요한계시록 21:9-22:5) 이는 환상의 정점이 부활의 나라라는 뜻입니다. 요한계시록이 전하고자 하는 내용은 구원, 심판, 박해, 유혹, 인내, 재앙 등 다양합니다. 그러나 그 많은 내용이 결국 새 예루살렘을 가리킵니다. 박해를 이기고 믿음을 지켜 부활의 나라 백성이 되라는 것입니다. 요한계시록은 이렇게 거룩하고 영광스러운 나라를 약속합니다. 그리고 다시는 저주가 없는 나라를 소망하며 살라고 권면합니다. 새 예루살렘은 하나님 나라의 완성을 의미합니다.

천국에 대한 소망

사람들은 종말이라고 하면 파국적이고 비극적인 결론을 생각합니다. 세상이 생각하는 종말은 대부분 소행성과의 충돌 같은 엄청난 자연 재앙이거나, 핵전쟁과 같이 인간이 만든 재난으로 인한 것입니다. 그러다보니 세상의 종말은 자연스럽게 세상이 재앙으로 끝나는 것처럼 되어 버렸습니다.

"그 후, 나는 새 하늘과 새 땅을 보았습니다. 전에 있던 하늘과 땅은 사라지고 바다도 없어졌습니다. 그리고 거룩한 성, 새 예루살렘이 하나님이 계신 하늘로부터 내려오는 것을 보았습니다. 나는 마치 신랑을 위해 단장한 신부의 모습을 보는 듯했습니다."(요한계시록 21:1-2)

그러나 성경이 말하는 종말의 진정한 의미는 재앙이 아니라 소망입니다. 그리스도의 재림은 사람의 영원한 생명과 진정한 행복을 위해서 있는 것입니다. 하나님은 영원한 생명을 위해 마지막 날을 준비하셨습니다. 그래서 요한계시록은 재앙과 심판에 대한 환상으로 시작하지만, 새 하늘과 새 땅, 새 예루살렘에 대한 환상으로 끝이 납니다. 사람들은 이 새 예루살렘에서 영원히 삽니다. 요한계시록의 결론은 심판이 아니라 부활의 나라입니다. 부활의 나라는 신부가 그 남편을 위해 단장한 것처럼 아름답습니다. 그 아름다움을 여성이 가장 아름다운 순간에 비유한 것입니다.

요한계시록 21:1의 새 하늘과 새 땅은 글자 그대로 만물이 새로워지는 것을 의미합니다. 이는 사탄의 영향을 받았던 옛 질서의 완전한 극복을 의미하며 하나님이 통치하시는 거룩하고 새로운 세상을 의미합니다. 21:2의 새 예루살렘은 구원의 완성을 의미합니다. 성도들이 영원한 생명을 누리고 사는 하나님 나라, 즉 부활의 나라를 의미합니다. 새 예루살렘이 신부처럼 아름답다는 말은 하나님 나라의 영광을 찬양한 것입니다. 동시에 구원의 기쁨을 극대화한 것입니다. 성경의 종말은 이렇게 기쁨과 찬양과 영광을 의미합니다. 요한계시록은 그런 종말을 약속하는 책입니다. 그러면서 하나님을 믿는 자가 되어 그런 기쁨과 찬양과 영광을 누리라고 권면합니다.

요한복음 5:29에 '선한 일을 한 사람들은 생명을 얻기 위해 부활할 것이며, 악한 일을 한 사람들은 심판을 받기 위해 부활할 것이다'라는 말씀이 있습니다. 믿는 자는 부활해서 천국에서 영원히 살지만, 믿지 않는 자는 부활해서 지옥에서 영원히 형벌을 받을 것이라는 말씀입니다.

이는 사람의 지혜가 아닙니다. 사람이 반드시 기억해야 하는 하나님의 지혜입니다. 그래서 무시할 수 없습니다. 아무도 천국과 지옥에 대한 증거를 가져올 수는 없습니다. 보여줄 수도 없습니다. 그러나 천국과 지옥은 반드시 존재합니다. 믿음을 가지면 알 수 있습니다. 사람이 죽음을 맞이하는 날, 아니면 그리스도가 재림하시는 날 이를 알게 됩니다. 한 사람도 빠짐없이 천국과 지옥의 존재를 확인하게 됩니다.

사람의 지혜는 역사의 마지막 날을 이렇게 상세히 묘사할 수 없습니다. 심판의 날을 이렇게 확실히 표현할 수 없습니다. 본 사람이 아무도 없기 때문입니다. 그저 아주 두렵고 무서운 날일 것이라고 상상할 수 있을 뿐입니다. 그러나 성경의 종말은 아주 구체적이고 상세합니다. 마지막 때와 마지막 날로 이를 설명합니다. 성경이 역사의 마지막을 이렇게 상세하게 묘사할 수 있는 이유는 그것이 바로 하나님의 지혜에 속하기 때문입니다. 하나님이 그 날을 계획하셨습니다. 그래서 반드시 그렇게 이루십니다.

신의 지혜 신의 존재

가장 중요한 선택

6장

인생의 허무함

"헛되고 헛되며 헛되고 헛되니 모든 것이 헛되도다"(전도서 1:2, 『개역성경』)

"인생은 정말 허무하고 허무하다. 세상만사가 너무 허무하다!"(전도서 1:2)

예루살렘의 왕이었던 사람이 자신의 인생을 가리켜 한 말입니다. 전통적으로 솔로몬으로 이해합니다. 전도서의 저자는 자신이 모든 것을 다 해보았다고 말합니다. 온갖 쾌락을 즐겼고 술을 잔뜩 마셨습니다. 왕궁과 포도원과 동산과 공원과 연못을 만들었습니다. 종과 짐승이 아주 많았습니다. 금은보화가 많았고 첩도 많았습니다. 하고 싶은 것은 다 해보았고 그 어떤 쾌락도 사양하지 않았습니다.(전도서 2:1-9) 그런데 인생을 가리켜 '헛되고 헛되며 헛되고 헛되니 모든 것이 헛되도다'라고 말합니다. 늙어서 한 말이기는 합니다.

인생이란 본래 허무한 것일까요? 아니면 원래 대단한 것인데 전도서의 저자가 오해한 것일까요? 전도서 1:2는 노년의 어느 날 괜히 울적해서 그냥 해본 소리일까요? 아니면 인생이 정말 그렇게 허무한 것일까요?

인간의 한계가 인생을 허무하게 만듭니다. 인간이 알고자 해도 알 수 없는 일이 있습니다. 되고자 해도 될 수 없는 일이 있습니다. 이루고자 해도 이룰 수 없는 일이 있습니다. 인간은 지적 한계와 신체적 한계가 있고 능력의 한계가 있습니다. 사람은 누구나 병들고 아프고 다칩니다. 그렇게 인간의 한계를 경험하면서 인생의 허무함을 느끼는 것입니다.

미국의 작가이자 시인인 거트루데 쉬타인(Gertrude Stein, 1874-1946)은 '해답은 없다. 지금까지도 해답이 없었고 앞으로도 없을 것이다. 이것이 인생의 유일한 해답이다'라는 말을 했습니다.(『인생의 마지막 질문』, 정재현, 추수밭, 2020, 181쪽) 알고 싶은 것을 알 수 없다는 사실을 강조하면서 인간의 한계를 이야기합니다. 언젠가 신문에서 같은 말을 한 노 철학자의 기사를 읽었습니다. 그는 '평생 인생의 답을 찾아 헤맸지만 결국 답이 없다는 답을 얻었다. 평생 노력했지만 인생의 궁극적 의미 같은 것은 없다는 생각이 든다, 답이 없다는 답을 알게 되었다'라는 말을 했습니다. 이렇게 인간의 뚜렷한 한계가 있습니다. 평생 인생의 근본 의미를 알고자 노력한 학자가 '인생에는 답이 없다'는 말을 할 정도입니다. 그래서 인생이 허무한 것입니다.

그렇지만 가장 큰 이유는 죽음 때문입니다. 누구도 피할 수 없는 죽음이 인생을 허무하게 만드는 진짜 이유입니다. 전도서의 저자도 죽음을 직면하면서 사는 게 싫어졌습니다.(전도서 2:16-17) 사람의 운명이 짐승의 운명과 똑같다는 것을 깨닫게 된 것입니다.(전도서 3:18-21) 전도서 저자는 살아 있는 개가 죽은 사자보다 낫다는 말을 합니다.(전도서 9:4) 죽고 싶지 않았던 것입니다.

똑똑하고 아름다운 20대 청년이 사고나 암으로 죽는 경우가 있습니다. 인생의 절정기에 생명을 잃는 것입니다. 그렇게 죽는 순간 모든 아름다움이 사라집니다. 행동과 사고가 정지되어 말할 수 없고 들을 수 없고 움직일 수 없습니다. 대화가 불가능한 시체가 됩니다. 그런 정도가 아닙니다. 곧바로 썩기 시작해 짧은 시간 안에 악취를 풍깁니다. 아무리 똑똑하고 아름다워도 소용이 없습니다. 죽은 사람은 조금 전까지의 젊음과 아름다움이 아무 소용이 없습니다. 그냥 쳐다보기 두려운 시체일 뿐입니다.

죽은 사람은 썩어 없어지거나 한 줌의 재가 됩니다. 살아서 우주를 관찰하고 영원을 사고하며 세상을 논하던 존재가, 죽어서 흙이 되고 재가 됩니다. 살아서 모든 것을 할 수 있고 모든 것을 하고 싶던 존재가 죽어서 아무것도 아닌 존재가 되는 것입니다. 남은 것은 흙이거나 재뿐입니다. 그러니 인생이 허무합니다. 피할 수 없는 죽음이 인생의 허무함을 가져옵니다. 그래서 '헛되고 헛되며 헛되고 헛되니 모든 것이 헛되도다'라는 말씀은 가볍지 않습니다. 인생의 지독한 허무함을 강조한 말씀에 동의하게 됩니다.

인생의 중요한 질문

톨스토이(1828-1910)는 『전쟁과 평화』(1869), 『안나 카레니나』(1877), 『부활』(1899)과 같은 장편소설로 유명합니다. 그러나 단편소설도 많이 썼습니다. 그 중에 〈세 가지 질문〉(1903)이라는 이야기가 꽤 유명합니다. 내용은 짧지만 그 속에 깊은 지혜가 있어 사랑을 받고 있습니다. 〈세 가지 질문〉의 내용은 대략 이렇습니다.

어느 날 한 왕이 '인생에 있어 가장 중요한 순간은 언제일까? 가장 필요한 사람은 누구일까? 가장 중요한 일은 무엇일까?'라는 생각을 합니다. 올바른 인생을 위한 질문입니다. 그러면서 왕은 '어떤 행동을 취해야 할 적시, 왕에게 가장 필요한 사람, 해야 할 가장 중요한 일을 아는 방법'을 알려주는 사람에게 큰 상을 내리겠다고 선포했습니다.

수많은 학자들이 왕을 찾아와 여러 가지 대답을 했습니다. 그러나 그들의 말은 모두 달랐으며, 왕은 어떤 대답에도 만족할 수 없었습니다. 그래서 왕은 아주 지혜로운 은사를 직접 만나 그에게 조언을 구하기로 했습니다. 그 은사는 가장 중요한 순간은 '지금'이며, 가장 필요한 사람은 '지금 당신과 함께 있는 사람'이며, 가장 중요한 일은 '지금 함께 있는 그 사람에게 선한 일을 하는 것'이라는 답을 줍니다. 인간은 이 일을 위해 이 세상에 온 것이라고 합니다.

톨스토이는 75세에 〈세 가지 질문〉을 출판했습니다. 인생을 살만큼 산 나이에 이 이야기를 쓴 것입니다. 그러므로 이 이야기에는 톨스토이가 경험한 인생의 지혜가 들어 있습니다. 톨스토이는 가장 중요한 순간과 가장 필요한 사람, 가장 중요한 일을 아는 게 인생의 중요한 질문이라 생각했던 것입니다. 100년도 더 지난 이 이야기가 여전히 사랑을 받는 이유는 톨스토이가 말한 인생의 지혜에 사람들이 공감하기 때문일 것입니다.

그러나 톨스토이의 지혜는 죽음 앞에서 빛을 잃어버립니다. 죽고 사는 문제에 직면한 사람에게는 톨스토이의 세 가지 질문이 별로 중요하지 않습니다. 사느냐 죽느냐 하는 문제가 훨씬 더 중요합니다. 죽음을 눈앞에 둔 사람은 인생의 가장 중요한 순간, 가장 필요한 사람, 가장 중요한 일 같은 게 중요하지 않습니다. 그저 사는 게 중요합니다. 자기를 살려주는 사람이 제일 필요하고 자기를 살려주는 일이 제일 중요합니다. 그러므로 죽고 사는 문제에 직면한 사람은 톨스토이가 말한 인생의 지혜보다 사는 방법을 생각해야 합니다. 그게 불가능하면 삶을 정리하는 일이 중요합니다. 톨스토이의 지혜도 결국은 산 사람들을 위한 답입니다.

오스발트 슈펭글러(Oswald Spengler)는 『서구의 몰락』(Decline of the West)이라는 책에서 '모든 종교와 과학, 그리고 철학은 죽음을 극복하려는 몸부림에서 탄생한 것이다'라는 말을 했습니다.(『엔드 오브 타임』, 브라이언 그린, 박병철 역, 서울: 와이즈베리, 2021, 10쪽에서 재인용) 죽음 앞에서 인생의 문제가 달라집니다. 큰일을 이루려는 계획이나 인생을 즐기려는 생각이 무의미해집니다. 인생의 의미나 참된 자아를 찾기 위한 철학적 질문도 중요치 않습니다. 신의 존재나 선악의 본질을 알기 위한 종교적 질문도 중요치 않습니다. 우주의 근원과 만물의 근본 원리를 알고자 하는 지적 호기심도 빛을 잃습니다. 단지 살고 싶을 뿐입니다. 그게 문제의 전부입니다.

그래서 '사느냐 죽느냐 그것이 문제로다'(To be or not to be. That is the question)라는 햄릿의 독백이 톨스토이의 세 가지 질문보다 더 중요합니다. 이 독백은 햄릿이 고뇌하는 장면에서 나온 말입니다.(셰익스피어의 희곡《햄릿》3막 1장) 어쩌면 세계 문학사에서 가장 유명한 말일 것입니다. 햄릿은 아버지의 독살을 알게 된 후 큰 고민에 빠졌습니다. 가혹한 운명을 참을 것인지 복수를 할 것인지 고민합니다.

햄릿은 이 말로 인해 우유부단과 망설임의 대명사가 되었습니다. 그리고 이 말은 선택의 기로에 선 인간의 내적 갈등을 보여주는 명대사가 되었습니다. 셰익스피어의 희곡 안에서 햄릿의 고백은 복수를 고민하는 것입니다. 그렇지만 그 고민을 글자 그대로 인생의 문제에 대입할 수 있습니다. '사느냐 죽느냐'가 인생의 가장 큰 고민거리인 것입니다. 어떻게 사느냐는 그다음 문제입니다. 어떻게 사느냐는 산 사람이 고민하는 것입니다. 죽음 앞에서는 그런 고민 자체가 무의미합니다.

죽은 자는 해 아래 어떤 일에도 관여할 수 없습니다. 가족을 사랑할 수 없고 돌볼 수 없습니다. 죽은 자는 전혀 아름답지 않습니다. 아무리 아끼고 사랑하던 사람이었다고 해도 시체를 사랑할 수는 없습니다. 죽은 자는 무섭고 악취가 납니다. 사람이 천하를 얻고도 생명을 잃으면 아무 소용이 없습니다.(마태복음 16:26) 그래서 '개똥밭에 굴러도 이승이 낫다'는 속담이 있습니다. 사람은 일단 사는 게 중요합니다. 그래서 죽고 사는 것이 인생의 정말 중요한 문제입니다.

친구 두 사람이 같은 날 생사의 기로에 섰다가 한 사람은 죽고 한 사람은 살았다고 합시다. 그 날 이후 두 사람의 삶은 하늘과 땅만큼 달라집니다. 그날까지 두 사람이 친구였음에도 불구하고 말입니다. 창세기 40:1-23에 나오는 파라오의 술 맡은 관리와 떡 굽는 관리가 그랬습니다. 같은 날 술 맡은 관리는 파라오의 신하로 복직했으나 떡 굽는 관리는 사형 당했습니다.

생의 가장 심각한 문제는 삶과 죽음입니다. 그래서 사느냐 죽느냐가 인생의 정말 중요한 질문입니다. 톨스토이는 죽음의 문제를 다룬 소설도 썼습니다. 단편 《이반 일리치의 죽음》(1886)이 죽음의 문제를 다룹니다. 출판 당시 큰 호평을 받았습니다. 톨스토이는 45세 중년의 판사 이반 일리치가 죽음을 앞두고 겪는 절망, 절규, 심경의 변화를 이야기합니다. 이를 통해 사람이 평소에 얻고자 하는 것들이 죽음 앞에서 얼마나 허망한가를 설명합니다. 사람에게 무엇이 진정 중요한 것이며 죽음의 공포를 극복할 수 있는 깨달음을 말합니다. 죽음을 통해 삶을 살펴보면서 삶과 죽음이 인생의 근본 문제임을 깨우쳐주는 것입니다.

메멘토 모리

타나톨로지(Thanatology)라는 학문이 있습니다. 죽음학, 사생학(死生學), 생사학(生死學) 등으로 번역될 수 있는 학문입니다. 죽음학은 인간의 죽음을 연구하는 학문입니다. 죽어가는 사람과 그를 아끼는 사람들이 느끼는 정신적 고통이나 슬픔을 완화시키기 위한 목적을 가지고 있습니다. 심리학, 사회학, 정신의학, 사회사업학 등이 죽음학 연구에 참여하는 대표적인 분야입니다. 물론 철학적, 논리적 접근도 가능합니다.

생기발랄한 20대 초반 학생들에게 죽음을 가르칠 필요가 있습니다. 죽음에 대한 통찰이 젊은이들에게 매우 중요한 삶의 동력이 될 수 있기 때문입니다. 인간의 삶이 유한하다는 사실을 파악하는 것은 삶의 가치에 대한 문제를 진지하게 생각하게 합니다. 그러면서 남은 삶에 큰 변화를 가져올 수 있습니다. 그런 의미에서 죽음학은 삶의 방향을 제대로 찾자는 말입니다. 죽음에 대한 진지한 고민은 삶에 대한 구체적 설계가 될 수 있습니다.

메멘토 모리(memento mori)라는 라틴어도 같은 의미입니다. 문자적으로는 '당신이 죽는다는 사실을 기억하라'는 뜻입니다.(remember to die) 철학적 용어라면 '당신이 유한한 존재라는 것을 인식하라' 정도가 될 것입니다. 로마의 개선장군이 승리의 행진을 할 때 같은 마차를 탄 종이 뒤에서 이 말을 했다고 합니다. 인생의 절정기에 죽음을 생각하며 겸손히 살라는 뜻입니다.

저절로 메멘토 모리를 하게 되는 경우가 있습니다. 초상집에 가는 때입니다. 초상집에 가면 누구나 메멘토 모리를 하게 됩니다. '나도 이 사람처럼 언젠가는 죽겠구나' 하는 생각을 하면서 내게 주어진 시간과 의미를 귀하게 여기게 됩니다. 문제는 그 생각이 그리 오래 가지 않는다는 것입니다.

※ 메멘토 모리: "중세 로마제국 시대 이야기다. 당시는 전쟁에서 승리한 장군을 위한 개선식이 자주 벌어졌다. 환호하는 시민들 사이를 가로지르는 개선행진은 장군이 로마인으로서 가질 수 있는 최고의 영광이었다. 그래서 개선식 하루만은 장군이 에트루리아 관습에 따라 얼굴을 붉게 칠하고 네 마리의 백마가 이끄는 전차를 타는 '살아 있는 신'이 된다. 그런데 신으로 숭배 받는 장군의 영광스러운 전차에는 인간 중에서도 가장 미천하다고 할 수 있는 노예 한 명이 같이 탑승한다. 그리고 이 노예는 개선식이 진행되는 동안 끊임없이 '메멘토 모리'라는 말을 장군에게 속삭여준다. 장군이 너무 우쭐대지 말라고 경고하는 뜻으로 '죽음을 기억하라'는 말을 반복한 것이다. 죽음에 관해서는 신분도 계급도 없다는 것을 말해준다."(『인생의 마지막 질문』, 정재현, 추수밭, 2020, 193-194쪽)

로댕의 조각 〈생각하는 사람〉이 있습니다. 아름답다는 생각이 절로 드는 작품입니다. 그런데 이 작품은 원래 로댕 자신의 〈지옥의 문〉이라는 조각에 나오는 한 인물을 독립적으로 크게 만든 것입니다. 〈지옥의 문〉은 단테의 『신곡』을 주제로 한 작품입니다. 〈지옥의 문〉 윗부분에서 아래의 군상(群像)을 내려다보고 있는 형상이 있습니다. 그것을 1888년에 독립된 작품으로 크게 해서 발표했습니다. 그리고 1904년에 살롱에 출품하면서 유명해졌습니다. 최초에는 〈시인〉이라는 이름을 붙였습니다.

로댕은 〈지옥의 문〉에 시인을 등장시키려고 했습니다. 그래서 벗은 채로 바위에 엉덩이를 걸치고 여러 인간의 고뇌를 바라보면서 깊이 생각에 잠긴 남자의 상을 만든 것입니다. 격렬한 마음의 움직임을 전신 근육의 긴장으로 응결시켰습니다. 그래서 영원히 생각하는 인간의 모습을 강력하게 표현한 작품입니다. 그래서 로댕의 조각 〈생각하는 사람〉을 메멘토 모리의 상징이라고 할 수 있습니다. 사람은 로댕의 조각 〈생각하는 사람〉이 될 필요가 있습니다. 메멘토 모리를 하면서 지금까지의 인생을 반성하고 앞으로의 삶을 계획할 필요가 있습니다. 그리고 죽음 후를 준비하는 것입니다.

인간은 누구나 죽습니다. 이 평범한 진리를 생각하며 살아야 지혜로운 사람입니다. 성경에 초상집에 가는 것이 잔칫집에 가는 것보다 더 낫다는 말씀이 있습니다.(전도서 7:2) 그 이유는 잔칫집에 가면 웃고 즐기며 끝나지만, 초상집에 가면 메멘토 모리를 하게 됩니다. 그러면서 자신에게 주어진 삶의 시간과 의미를 귀하게 여기기 때문입니다.

그래서 그 다음 절에 '슬픔이 웃음보다 낫다, 왜냐하면 슬픈 안색이 마음에는 약이기 때문이다. 지혜자의 마음은 죽을 때를 생각하지만, 어리석

은 자들은 즐길 생각만 한다'라는 말씀이 있습니다.(전도서 7:3-4) 메멘토 모
리를 하면서 삶을 돌아보고 죽음을 준비하는 사람이 지혜롭다는 뜻입니다.
그렇게 사는 사람이 인생을 바르게 사는 사람입니다.

　　　　　　　　신의 지혜 신의 존재

가장 중요한 질문

그런데 실은 '사느냐 죽느냐'보다 더 중요한 질문이 있습니다. 그것은 '영원히 사느냐 영원히 죽느냐' 하는 질문입니다. 일단 사느냐 죽느냐는 평균 80년, 길어야 100년에 해당되는 질문입니다. 사람의 수명이 대략 그렇습니다. 그러나 영원히 사느냐 영원히 죽느냐는 그와 비교할 수 없는 시간에 해당되는 질문입니다. 한 컵의 물과 바닷물의 양을 비교할 수 없듯이 사람의 일생 100년을 영원과 비교할 수 없습니다. 그러므로 당연히 사느냐 죽느냐보다 영원히 사느냐 영원히 죽느냐가 훨씬 더 중요한 질문입니다.

그러나 이런 시간의 차이보다 더 중요한 이유가 있습니다. 그것은 영원히 사는 문제를 해결할 경우 저절로 죽음의 문제가 해결되기 때문입니다. 영원히 사는 사람은 사느냐 죽느냐 하는 질문을 할 필요가 없습니다. 영원히 살기 때문에 그에게는 죽음이 없습니다. 그러니 살고 죽는 문제로 고민할 필요가 없습니다. 죽음을 두려워할 이유가 없습니다. 영원한 삶의 문제를 해결할 경우 하는 경우 저절로 사느냐 죽느냐 하는 문제가 해결됩니다. 그러나 반대로 사느냐 죽느냐 하는 문제를 해결한다고 해서 영원히 살고 죽는 문제가 해결되는 것은 아닙니다. 그래서 영원히 사느냐 영원히 죽느냐 하는 문제가 사느냐 죽느냐 하는 문제보다 더욱 중요한 질문입니다.

어떤 사람은 영원히 사는 문제에 전혀 관심이 없습니다. 인간은 영원히 살 수 없는 존재라고 결론을 내린 사람입니다. 그래서 아예 그 일을 생각하지 않습니다. 그는 인간의 심장 박동이 멈추는 순간 사람의 영혼도 소멸된다고 생각합니다. 뇌의 활동이 중단되는 순간 썩어 없어질 몸만 남는다고 생각합니다. 그 몸이 썩음으로써 한 인간의 존재 흔적이 완전히 사라져 버린다고 생각합니다. 인간은 그런 운명을 피할 수 없다고 생각합니다. 그래서 영원히 산다는 생각은 가당치도 않다는 것입니다.

일단 이런 생각은 상식적이고 합리적입니다. 주변에 영원히 사는 사람이 없습니다. 동서고금을 통틀어 단 한 명도 없습니다. 영원은커녕 200살을 사는 사람조차 없습니다. 노인이 되면서 병들고 쇠약해지는 몸을 보면 사람이 영원히 사는 것은 불가능하다는 생각이 절로 듭니다. 해가 뜨면 해가 지듯이 사람 또한 태어났으면 죽는 게 당연한 자연의 이치로 생각됩니다. 그래서 영원히 살고자 하는 사람이 정상이 아니라는 생각이 듭니다. 영원히 살고 싶다는 생각, 영원히 살 수 있다는 생각 자체가 비정상으로 보이는 것입니다.

그런데 실은 사람이 사랑과 기쁨, 그리고 평안과 행복이 가득한 모습으로 영원히 사는 길이 있습니다. 그것은 지루하고 괴로운 영생이 아닙니다. 반복되는 일상에 만사가 귀찮은 영생이 아닙니다. 날마다 새롭고 날마다 기

신의 지혜 신의 존재

쁨이 넘치는 영생입니다. 그것은 사람이 생각해 낸 방법이 아닙니다. 사람의 지혜와 능력을 넘어서는 방법입니다. 사람이 절대 생각해 낼 수 없는 방법입니다.

원숭이가 아무리 똑똑하고 사람을 닮았다 해도 원숭이가 고층 건물을 지을 수 없습니다. 이 세상 모든 원숭이가 한 자리에 모인다 해도 고층 건물을 지을 수 없습니다. 원숭이는 절대 엘리베이터가 움직이고 전기가 들어오고 물이 나오는 건물을 지을 수 없습니다. 마찬가지로 사람은 '절대' 영원히 사는 방법을 알지 못합니다. 이 세상 모든 인간이 모인다 해도 생각해 낼 수 없습니다. 그것은 인간의 능력 밖의 일입니다. 인간의 한계를 뛰어넘는 일입니다. 그런데 성경에 그 방법이 있습니다. 하나님의 지혜이기 때문입니다.

성경은 영생의 길을 제시합니다. 사람이 영원히 살 수 있다고 선포합니다. 그리고 그 방법을 가르쳐줍니다. 그 방법이 예수에 대한 믿음입니다. 영원한 생명의 핵심은 '부활의 몸'입니다. 사람은 지금의 몸이 아니라 부활의 몸으로 영원히 사는 것입니다. 그렇게 사는 곳이 하나님 나라입니다. 부활의 나라이기도 합니다. 그 곳에 삼위일체 하나님이 계십니다. 그래서 기쁨과 행복이 가득한 영생을 살 수 있습니다. 성경이 말하는 영생은 사람이 생각하는 영생과 아주 다릅니다.

'영원'을 건 선택

미즈노 겐조(1937-1984)는 눈 깜빡이 시인으로 불립니다. 겐조는 초등학교 4학년 때인 11살에 이질에 걸렸습니다. 심한 고열로 인해 뇌성 소아마비가 되었습니다. 전신이 마비되어 움직일 수 없었고 말도 할 수 없었습니다. 단지 듣고 읽을 수 있었고 웃을 수 있었습니다. 그리고 눈을 깜빡거릴 수 있었습니다. 그렇게 된 지 4년 후에, 겐조의 가정이 복음을 듣게 되었습니다. 겐조는 성경을 읽으면서 삶의 의미를 발견하고 예수 그리스도를 구주로 영접했습니다. 영원히 사느냐 영원히 죽느냐 하는 문제에서 영원히 사는 쪽을 선택한 것입니다. 그는 지혜로운 사람이 되었습니다.

그렇게 예수 믿는 사람이 된 후 겐조는 신앙의 시를 썼습니다. 일본어 오십음도 표를 놓고 어머니가 한 자씩 가리키면, 겐조가 눈을 깜빡해서 한 자 한 자를 쓴 것입니다. 예를 들어 '예수'라는 단어라면, 이응에 깜빡, 모음 예에 깜빡, 시옷에 깜빡, 모음 우에 깜빡해서 만드는 형식입니다. 겐조는 그

신의 지혜 신의 존재

렇게 눈 깜빡이 시인이 되었습니다.

겐조는 예수를 믿게 된 후 마음의 평안을 얻고 기쁨을 얻게 되었습니다. 뇌성마비에 걸린 자신의 상황을 더 이상 원망하지 않았습니다. 그래서 〈하나님〉이라는 제목의 시에서 이렇게 말합니다.(『감사는 밥이다』, 미즈노 겐조, 박소금 옮김, 선한 청지기, 2014, 248쪽) 그리스도에 대한 진정한 믿음은 이렇게 어떤 처지에 있는 사람에게도 평안과 기쁨을 줍니다.

33년 전에
뇌성마비가 되었을 때
하나님을 원망했습니다
그것이 그리스도의 사랑에
닿기 위해서라는 것을 알고
감사와 기쁨으로 변했습니다

겐조는 〈나 같은 자가〉라는 시에서는 기쁨을 노래합니다.(『감사는 밥이다』, 71쪽) 전신마비로 자리에 누워 듣고 보고 웃고 눈만 깜빡거릴 수 있는 자가 기쁨을 노래하는 것입니다.

주 예수님의
모습이 보이지 않아
목소리도 들리지 않아

그래도

나 같은 자가

기쁨이 넘치고

희망에 겨워

살아 있어

그러면서 겐조는 〈주를 모르는데〉라는 시에서 이렇게 말합니다.(『감사
는 밥이다』, 35쪽)

무엇이든지 알고 있다고

넘치는 기쁨이 있다고

커다란 소원이 있다고 말해도

주를 모르는데

무엇을 알고 있는 걸까

주를 믿지 않는데

무슨 기쁨이 있는 걸까

주께로부터 아니면

어디로부터 소망이 오는 걸까

겐조는 전신마비로 자리에 누워 하나님의 자녀가 되었습니다. 영원한
생명의 길을 선택한 지혜로운 사람이 되었습니다. 겐조의 말이 옳습니다.
하나님을 알아야 온전한 것을 아는 것입니다. 그래야 참된 기쁨과 소망이

있습니다. 하나님을 모르면 그 아는 것이 온전히 아는 것이 아닙니다. 참된 기쁨과 소망을 얻을 수 없습니다. 그는 영원한 죽음과 형벌에 처해집니다.

겐조는 1984년에 세상을 떠났지만 성경은 그가 죽지 않았다고 합니다. 겐조는 '첫째 부활'(요한계시록 20:5)을 경험하고 지금 하나님 나라에 그의 영혼이 살아있습니다. 그는 그리스도가 재림하시는 마지막 날에 부활의 몸을 얻을 것입니다. 그 몸으로 영원히 살 것입니다. 그것이 온전한 부활입니다. 겐조 뿐만 아니라 예수 그리스도를 믿은 모든 사람이 그렇게 됩니다.

이것이 창조주 하나님께서 인간에게 하신 약속입니다. 하나님은 이 약속을 꼭 지키십니다. 사람은 자신 앞에 놓인 두 개의 길에서 하나님의 인침을 받는 길을 선택해야 합니다. 자신의 영원이 걸린 문제에서 지혜로운 선택을 해야 합니다. 사람은 영원한 죽음을 피하고 영원한 생명을 얻을 수 있습니다. 성경이 바로 그 길로 인도하는 책입니다. 성경은 사람에게 가장 큰 지혜를 주는 책입니다.

생명나무와 선악과나무

"여호와 하나님께서 아름답고 먹기 좋은 열매를 맺는 온갖 나무들을 그 곳에서 자라나게 하셨습니다. 동산 한가운데에는 생명나무와 선악을 알게 하는 나무도 있었습니다."(창세기 2:9)

에덴동산 한가운데 생명나무와 선악과나무가 있었습니다. 이 두 나무는 실제로 존재했던 나무가 아니라 인간의 영원한 생명과 영원한 죽음에 대한 상징입니다. 인간이 하나님의 뜻에 순종하면 영생을 얻고 불순종하면 영원히 죽는다는 사실을 생명나무와 선악과나무로 계시하신 것입니다. 두 나무는 창조 이야기 가운데 그저 이름 정도가 언급되었습니다. 그렇지만 실은 인간의 운명에 대한 가장 핵심적인 교훈을 담고 있습니다. 창세기 2:9에서 보는 두 나무는 성경 전체를 관통하는 주제입니다.

"너는 예루살렘 백성에게 이와 같이 전하여라. '여호와께서 이렇게 말씀하셨다. 내가 생명의 길과 죽음의 길을 너희 앞에 두겠다.'"(예레미야 21:8)

예레미야 21:8이 말하는 생명의 길과 사망의 길이 바로 창세기 2:9의 두 나무입니다. 지혜로운 사람은 생명의 길을 선택합니다. 선악과가 아니라 생명나무 열매를 먹습니다. 생명나무 열매를 먹는 사람은 부활의 나라에서 하나님과 함께 영원히 삽니다. 미즈노 겐조가 그런 사람이었습니다.

"그 천사는 또 내게 생명수가 흐르는 강을 보여 주었습니다. 수정같이 맑은 그 강은 하나님과 어린양의 보좌로부터 흘러 나와 그 성의 넓은 거리 한가운데로 흐르고 있었습니다. 강 양쪽에는 생명나무가 있어서 일 년에 열두 번, 달마다 새로운 열매를 맺고 있었습니다. 또 그 잎은 모든 사람들을 치료하는 데 사용되었습니다. 하나님께서 죄 있다고 심판하실 것이 그 성에는 없었습니다. 하나님과 어린양의 보좌가 그 곳에 있고, 그분의 종들은 다 그분을 섬길 것입니다. 그들은 하나님의 얼굴을 볼 것이며, 그들의 이마에는 하나님의 이름이 기록될 것입니다. 그 곳에는 밤도 없고 등불이나 햇빛이 필요 없을 것입니다. 주 하나님께서 그들의 빛이 되시고, 그들은 거기서 영원히 왕처럼 살 것입니다"(요한계시록 22:1-5)

요한이 환상으로 본 하나님의 나라의 모습입니다. 비록 상징으로 주어진 말씀이지만, 이 말씀에는 절대 변할 수 없는 진리가 들어 있습니다. 그것은 하나님의 나라가 반드시 있다는 것입니다. 사람은 이 세상에 살면서 이 하나님 나라를 위한 선택을 해야 합니다. 영원한 나라에 들어갈 것인지 아닌지를 선택해야 합니다. 그것은 영원한 삶을 건 선택입니다.

선악과나무를 거부하고 생명나무를 선택한 사람이 영원한 나라에 들어갑니다. 하나님을 선택한 사람이 영원한 생명을 얻습니다. 하나님 나라는 등불과 햇빛이 필요 없습니다. 하나님께서 그 나라의 빛이 되시기 때문입니다. 하나님은 빛이십니다.(요한일서 1:5) 진리의 빛, 생명의 빛이십니다. 그 빛 아래 사는 사람이 진정 지혜로운 자이며 참된 복을 받습니다.

영원한 생명을 준비하는 사람이 가장 지혜로운 사람입니다. 사람들은 보통 시간을 과거, 현재, 미래로 구분합니다. 영원이라는 말을 하기는 하지만, 실질적으로는 50년 후, 100년 후를 그렇게 표현할 뿐입니다. 그보다 더 먼 미래는 자신과 상관이 없기 때문입니다. '당신을 영원히 사랑해'라고 하지만 실은 '내가 죽을 때까지'라는 말입니다. '우리 우정 영원하여라'라고 하지만 한 사람이 죽을 때까지입니다. '조국이여 영원하여라'라고 하지만 그것은 나라가 잘 되기를 바라는 마음을 표현한 것일 뿐입니다. 나라가 실제로 백만 년 이상 존속하기를 바라며 하는 말이 아닙니다. 백만 년 후 대한민국이 자신에게 무의미하기 때문입니다.

사람들은 보통 과거, 현재, 미래 중에서 미래에 관심을 가집니다. 자신의 미래와 자식의 미래가 잘 되기를 바랍니다. 그래서 미래를 알고 싶어 합니다. 점치는 사람들이 존재하는 이유입니다. 예외가 있다면 심리학자들일 것입니다. 그들은 사람의 과거에 관심을 가집니다. 사람의 과거가 현재의 그 사람을 만들었다고 생각하기 때문입니다. 그들은 사람의 과거를 알아 현재의 문제를 해결하려고 합니다. 하지만 영원에 관심을 가지는 사람들은 거의 없습니다. 왜냐하면 영원이란 인간이 경험할 수 없는 시간, 상상을 초월하는 시간 개념이기 때문입니다. 사실 백만 년 후 세상의 모습, 천만 년 후 지구의 모습은 내게 의미가 없습니다. 나와 아무 상관이 없습니다.

그런데 성경은 영원에 관심을 가지라고 가르칩니다. 그 이유는 영원이 머릿속에만 존재하는 추상적 개념이 아니기 때문입니다. 영원은 인간이 경험할 수 없는 초월적 개념이 아닙니다. 인간이 상상할 수 없는 초시간적 개념이 아닙니다. 영원은 인간이 반드시 경험하는 아주 실제적인 시간입니다. 성경은 사람이 반드시 영원을 경험한다고 합니다. 사람이 영원히 살거나 영원히 죽는다고 합니다. 영원히 행복하거나 영원히 불행하다고 합니다. 영원히 평안하거나 영원히 고통스러울 것이라고 합니다. 그렇기 때문에 길어야 100년에 해당되는 사람의 일생이 아니라, 백만 년, 천만 년을 넘어서는 영원에 관심을 가져야 합니다.

성경의 궁극적 약속은 영원한 생명과 영원한 나라입니다. 사람이 부활의 몸으로 영원히 사는 나라가 분명히 있기 때문에 예수를 믿으라고 합니다. 만약 영원한 생명과 영원한 나라가 없다면 예수 믿을 필요가 없습니다. 그렇다면 예수 믿는 사람이 가장 불쌍한 사람입니다.(고린도전서 15:19) 거짓을 믿기 때문입니다. 기독교는 한 마디로 영원한 생명과 영원한 나라를 약속하는 종교입니다. 영원한 생명을 선포하면서 영원한 나라를 약속하는 종교입니다. 이런 약속을 지킬 수 있는 종교는 기독교가 유일합니다. 삼위일체 하나님만이 이 일을 하실 수 있습니다.

인생은 유한합니다. 긴 듯해도 실은 짧고, 완전한 것 같아도 실은 불완전합니다. 건강하던 사람이 갑자기 쓰러집니다. 순간의 사고로 목숨을 잃고 젊어서 불치병에 걸리기도 합니다. 그런 일이 주변에 늘 일어납니다. 뉴스에는 사고 소식이 매일 끊이지 않습니다. 어쩌다 병원에 가면 수많은 환자들을 볼 수 있습니다. 생명과학의 발달과 여러 가지 기술 혁명으로 인간의 수명이 연장될 수는 있습니다. 그러나 300년, 400년을 살 수는 없습니다. 인간이 두려운 죽음을 피할 수 없다는 사실에 호모 데우스의 문제가 있습니다.

3-400년을 살아도 문제입니다. 체코의 극작가 카렐 차페크의 극본 〈마크로풀로스 어페어〉(1922)에 이런 이야기가 나옵니다.(『타나톨로지, 죽는다는 것』, 손병홍, 효형출판, 2011, 60-61쪽에서 인용) 오페라 가수 엘리나 마크로풀로스가 마흔두 살 때, 궁정 의사였던 그녀의 아버지가 불로장생의 영약을 발명합니다. 왕의 명령이었습니다. 아버지는 엘리나에게 그 약을 먹입니다. 약의 효력은 300년이며 300년이 지나 계속 살기 위해서는 다시 그 영약을 먹어야 합니다. 그러나 엘리나는 끊임없이 반복되는 일상에 지쳐 모든 것에 무관심해지고 냉담해집니다. 그래서 약을 먹지 않고 죽는 길을 택합니다. 그리고 불로장생의 약은 한 젊은 여성에 의해 불태워집니다.

엘리나의 선택을 이해할 수 있습니다. 300년을 산다는 건 즐겁고 행복한 일이 아니라 지루하고 괴로운 일일 것입니다. 삶이라는 게 날마다 기쁘고 행복할 수 없습니다. 오히려 힘들고 어려운 일이 많습니다. 설사 젊고 건강하고 재능 있고 부유하다고 해도, 살면서 온갖 슬프고 괴로운 일을 겪기 마련입니다. 인생은 고해(苦海)라는 불교의 가르침이 괜히 있는 것이 아닙니다. 산다는 게 그렇게 괴로움의 연속인 것입니다. 그러니 지루하고 괴로운 하루하루를 이어나가야 할 이유가 없습니다. 300년을 살면 누구라도 엘리나와 같은 선택을 할 것입니다.

그래서 성경은 인생을 가리켜 아침에 싱싱하게 피었다가 저녁이 되면 시들어 마르는 풀과 같다고 합니다.(시편 90:5-6) 인생은 고생과 슬픔으로 가득하고 날아가듯 빨리 지나간다고 합니다.(시편 90:10) 그리고 지나가는 그림자같이 허무하다고 합니다.(시편 144:4) 죽음 후에는 짐승보다 나은 게 없다고 합니다.(전도서 3:19) 하나님을 모르는 인생이 그렇다는 뜻입니다. 성경은 그런 허무한 인생을 참되고 의미 있게 사는 길이 있다고 하는데, 그것이 바로 미래를 하나님께 맡기고 영원한 생명에 소망을 두고 사는 것입니다. 영원한 나라를 소망하면서 오늘을 거룩하게 사는 것입니다. 이렇게 사는 사람이 가장 지혜로운 사람입니다.

"인생은 풀과 같습니다. 들판에 핀 꽃처럼 자랍니다. 바람이 불면 그 꽃은 떨어지고 그 있던 자리는 흔적조차 남지 않습니다. 그러나 주를 높이고 두려워하는 자에게 여호와의 사랑이 영원히 함께할 것입니다."(시편 103:15-17)

"모든 사람은 풀과 같고, 그들의 모든 아름다움은 들의 꽃과 같다. 여호와께서 그 위에 숨을 내쉬면, 풀은 마르고 꽃은 시든다. 정말로 이 백성은 풀에 지나지 않는다. 풀은 마르고 꽃은 시들지만, 우리 하나님의 말씀은 언제나 이루어진다."

(이사야 40:6-8)

"그러므로 너는 네 젊음의 날에, 곧 네 괴로운 날들이 닥치기 전에, '이제는 사는 것이 낙이 없구나!'라고 말할 때가 닥치기 전에 창조주를 기억하여라."

(전도서 12:1)

믿음의 모든 유익

7장

후회 없는 삶

\<길\>

윤동주

잃어버렸습니다.
무얼 어디다 잃었는지 몰라
두 손이 주머니를 더듬어
길에 나아갑니다.

돌과 돌과 돌이 끝없이 연달아
길은 돌담을 끼고 갑니다.

담은 쇠문을 굳게 닫아

신의 지혜 신의 존재

길 위에 긴 그림자를 드리우고

길은 아침에서 저녁으로
저녁에서 아침으로 통했습니다.

돌담을 더듬어 눈물 짓다
쳐다보면 하늘은 부끄럽게 푸릅니다.

풀 한 포기 없는 이 길을 걷는 것은
담 저쪽에 내가 남아 있는 까닭이고,

내가 사는 것은, 다만,
잃은 것을 찾는 까닭입니다.

※ 윤동주 시인(1917-1945): 만주에서 태어나 연희전문학교를 거쳐 일본 도시샤(同志社) 대학에서 수학 중 독립운동을 하다가 피검되어 옥고를 치렀다. 1945년 2월 큐슈(九州)의 후쿠오카(福岡) 형무소에서 28살의 젊은 나이로 옥사했다. 일제 식민지 치하에서 굴하지 않고 저항했던 윤동주 시인은 저항과 지조의 시인으로 불린다. 〈길〉은 진정한 삶을 추구하는 지식인의 결연한 자세를 보여주는 시로서, 윤동주 시인이 연희전문학교(현 연세대학교) 3학년 재학 중이던 1941년 9월에 쓴 것이라고 한다.

윤동주 시인이 〈길〉이라는 시에서 표현한 것처럼 인간은 무언가를 잃어버린 존재입니다. 그래서 그 무언가를 찾고 있습니다. 무언가를 잃어버렸다는 것은 알고 있지만 그것이 무엇인지는 모릅니다. 그것이 무엇에 쓰이는 것인지 어디서 잃어버렸는지 모릅니다. 다만 소중한 것이라는 정도는 어렴풋이 알고 있습니다.

인간이 잃어버린 것은 영원한 삶입니다. 선악과를 선택함으로써 생명나무를 잃어버린 것입니다. 인간은 원래 영원히 살 수 있는 존재로 창조되었습니다. 죄로 인해 그것이 불가능하게 되었지만, 인간의 영혼이 그 사실을 어렴풋이 기억합니다. 그래서 영원한 삶을 찾는 것입니다. 영원한 존재를 만나기 원하는 것입니다. 그래야 진정한 만족을 누릴 수 있고 참된 평안과 기쁨을 얻을 수 있습니다.

사람은 현세의 삶에 만족할 수 없습니다. 자신도 모르게 영원한 것을 추구합니다. 그래서 쾌락을 쫓다가 허무를 느끼고 영원한 것을 소망합니다. 현세적 삶에 집착하다가 한계를 느끼고 영원한 것을 추구합니다. 이 세상의 행복이 충분하지 않아서 죽음 후를 준비합니다. 인면수심의 몇몇 인간들을 제외하고는 죄를 지은 후 양심의 소리에 괴로워합니다. 사람에게 영혼이 있기 때문입니다.

사람의 영혼은 영원히 존재합니다. 죽으면 사라지고 마는 것이 아닙니다. 그런 영혼 때문에 사람은 육체적 안락에 만족하지 못합니다. 현세의 풍족한 삶이 충분하지 않은 것입니다. 진리를 찾고 영혼의 문제에 관심을 가집니다. 내면적 기쁨을 찾으며 영원한 삶을 소망합니다. 영원한 무언가를 찾는 것입니다.

말기 암 환자들이 기거하는 호스피스에서 봉사하는 사람들이 공통적으로 말하는 것이 있습니다. 생명이 얼마 남지 않은 시점에 오면, 모든 환자들이 자신의 지난날의 삶을 되돌아보며 후회한다는 것입니다. 출세를 위해 앞만 보고 달려온 삶에 후회합니다. 자식들만 위해 사느라고 자신의 삶을 살지 못한 것을 후회합니다. 돈 모으기에 혈안이 돼 건강을 돌보지 못한 것도 후회합니다. 모든 것이 후회뿐이라고 합니다. 영원한 삶을 준비하지 못한 것을 후회하는 것입니다. 어느 호스피스 봉사자는 '후회하지 않는 사람을 보지 못했다'고 합니다. 대부분의 환자들이 '삶의 끝이 있다는 것을 알았다면 좀 더 다른 삶을 살았을 텐데…'라고 후회한다고 합니다. 그는 환자들이 좋은 인간관계를 맺지 못한 것과 남을 위해 살지 못한 것을 가장 후회한다고 합니다. 사람을 사랑하지 못한 것을 가장 후회하는 것입니다. 그러나 재산을 늘리지 못해 아쉽다거나 더 많은 돈을 벌 기회를 놓쳐 안타깝다고 후회하는 환자는 없습니다. 그것이 호스피스 봉사자들의 한결같은 증언입니다. 인생에서 진정으로 중요한 것이 무엇인지 미뤄 짐작할 수 있는 대목입니다. 그것은 영원한 삶을 준비하는 것입니다.

성경은 사랑을 강조합니다. 하나님의 은혜 중에 '성령의 열매'가 있습니다.(갈라디아서 5:22-23) 예수 그리스도의 성품입니다. 이 성령의 열매 9가지 중에 사랑이 제일 먼저 나옵니다.(사랑, 기쁨, 평화, 오래 참음, 자비, 착함, 성실, 온유, 절제) 하나님의 은혜 중에 성령의 은사도 있습니다. 교회를 세우는 능력입니다. 이 성령의 은사 중에 가장 귀한 것이 사랑입니다.(고린도전서 13:13) 사랑이 없으면 아무것도 아니며 아무 유익이 없습니다.(고린도전서 13:2-3) 그래서 모든 일을 사랑으로 해야 합니다.(고린도전서 16:14) 성경은 아예 하나님

은 사랑이시라고 말합니다.(요한일서 4:8)

"사랑하는 친구들이여, 우리는 서로서로 사랑해야 합니다. 왜냐하면 사랑은 하나님께로부터 오기 때문입니다. 사랑하는 사람은 하나님의 자녀가 된 것이며, 또한 하나님을 안다고 할 수 있습니다. 하나님은 사랑이시기에, 사랑할 줄 모르는 사람은 하나님을 알지 못하는 자입니다."(요한일서 4:7-8)

죽음을 앞두고 사람들이 가치관이 달라집니다. 영원한 존재를 다시 만날 때가 가까운 것을 영혼이 알기 때문입니다. 그래서 유한한 것들을 버리고 영원한 가치가 있는 것을 실천하기 원합니다. 그래서 사랑하지 못한 것을 가장 후회하는 것입니다. 마지막 순간에라도 영원한 삶을 준비하고 싶은 것입니다. 다만 그 사실을 깨달았을 때가 너무 늦었습니다. 하루 빨리 이 일을 실천하는 사람이 복 있는 사람입니다.

·믿음의 유익

헬렌 켈러(1880-1968)는 생후 19개월에 성홍열과 뇌막염을 앓았습니다. 이로 인해 평생 시각 장애와 청각 장애를 가지게 되었습니다. 그렇지만 24살에 시청각 장애인 최초로 학사 학위를 받았습니다. 작가와 연설가로 유명해졌습니다. 사회-정치활동을 했고 대통령 훈장도 받았습니다. 88세로 세상을 떠났으니 비교적 장수했습니다. 그러나 평생을 보고 듣지 못한 아쉬움을 채울 수는 없었을 것입니다.

헬렌 켈러는 〈사흘만 볼 수 있다면〉(Three Days to See)이라는 글을 남겼습니다. 많은 사람들을 위로한 수필로서 '20세기 최고의 수필'이라는 찬사를 받았습니다.

〈사흘만 볼 수 있다면〉

만약 내가 이 세상을 사는 동안에 유일한 소망이 있다고 하면
그것은 죽기 전에 꼭 3일 동안만 눈을 뜨고 보는 것이다.

만약 내가 눈을 뜨고 볼 수 있다면
나는 나의 눈을 뜨는 그 첫 순간 나를 이만큼 가르쳐 주고
교육시켜준 나의 선생님 애니 설리반을 찾아 가겠다.
지금까지 그의 특징과 얼굴 모습을
내 손끝으로 만져서 알던 그의 인자한 얼굴,
그리고 그의 아리따운 몸가짐을 몇 시간이라도 물끄러미 보면서
그의 모습을 나의 마음 속 깊이 간직해 두겠다.

다음엔 나의 친구들을 찾아가 그들의 모습과 웃음을 기억하고,
그 다음엔 들과 산으로 산보를 나가겠다.
바람에 나풀거리는 아름다운 나무 잎사귀들,
들에 피어 있는 예쁜 꽃들과 풀들.
그리고 저녁이 되면 석양에 빛나는 아름다운 노을을 보고 싶다.

다음날 이른 새벽에는 먼동이 트는 웅장한 장면을 보고,
아침에는 메트로폴리탄에 있는 박물관, 오후에는 미술관,
저녁에는 보석 같은 밤하늘의 별들을 보면서 또 하루를 지내겠다.

　　　　　신의 지혜 신의 존재

그리고 마지막 날에는 아침 일찍 큰길가로 나가

출근하는 사람들의 얼굴 표정을 바라보고,

오전에는 오페라 하우스, 오후에는 영화관에 가서 영화를 감상하겠다.

그러다 어느덧 저녁이 되면

나는 건물의 숲을 이루고 있는 도시 한복판에 나와

네온사인이 반짝거리는 거리,

쇼 윈도우에 진열되어 있는 아름다운 상품을 보겠다.

그리곤 집에 돌아와 내가 눈을 감아야 할 마지막 순간에

나는 3일 동안만이라도 볼 수 있게 해 주신

나의 하나님께 감사한다고 기도를 드리며

또 다시 영원한 암흑세계로 들어 갈 것이다.

헬렌 켈러는 예수를 믿었습니다. 그래서 그렇게 소망했던 모든 것을 보았습니다. 애니 설리반 선생을 보았습니다. 그 외에 보고 싶어 했던 모든 것을 보았습니다. 아니 그보다 훨씬 더 좋은 것을 보았습니다. 비교가 안 될 정도로 더 좋은 것을 보았습니다. 천국의 영원한 집에서 말입니다.

믿음에는 많은 유익함이 있습니다. 믿음의 형제들과 사랑으로 교제하면서 기쁨을 나누고 위로 받으며 용기를 얻습니다. 하나님의 사랑과 은혜를 체험합니다. 하나님의 인도하심과 보호하심을 받습니다.

『웨스트민스터 소요리문답』은 믿음의 유익을 '기독교인들이 이 세상에서 받는 복(36항), 죽을 때 받는 복(37항), 부활할 때 받는 복(38항)'으로 구별

해서 설명합니다.

※ 웨스트민스터 소요리문답: 웨스트민스터 종교회의(1643. 7. 1-1652. 3. 25)에서 작성된 표준 문서 중 하나. 웨스트민스터 종교회의는 잉글랜드 의회가 소집하였으며 총대는 151명이었다.(성직자 121명, 상원 및 하원 의원 30명) 이 회의는 예배 모범(1645), 장로교 교회 정치(1646), 웨스트민스터 신앙고백서(1647), 대요리문답(1648), 소요리문답(1648)을 작성하여 의회의 승인을 얻었다. 소요리문답(Shorter Catechism)은 짧고 간결하게 만든 교리교육서라는 뜻이다. 107개 문답으로 초신자와 청소년을 위한 용도로 사용되었다. 요리(要理)는 중요한 교리라는 뜻이다.

『웨스트민스터 소요리문답』 36항은 이 세상에서 얻는 믿음의 유익을 말합니다. 그것은 하나님의 사랑에 대한 확신, 양심의 평화, 성령 안에서의 기쁨, 은혜의 증진, 그리고 그 안에서 마지막까지 인내하는 것'입니다. 여기에 따르면 믿음의 첫째 유익은 하나님의 사랑에 대한 확신입니다. 그 사랑은 사람이 감히 상상할 수 없는 사랑으로, 전지전능하신 창조주의 사랑입니다.

믿는 자의 또 다른 유익은 평화와 기쁨입니다. 믿는 자의 양심은 평화의 복을 누립니다. 성령께서 주시는 기쁨을 누립니다. 이것은 세상이 주는 평안이나 기쁨과 질적으로 다릅니다. 믿는 자는 또 은혜의 증진이라는 복을 누립니다. 믿음이 성숙해져 감에 따라 하나님의 은혜 또한 깊어지고 넓어집니다. 그 은혜는 '진리를 깨우쳐주심, 삶의 인도하심, 고난으로부터 보호하심, 필요한 것을 채워주심, 잘못을 회개할 때까지 기다려주심'과 같은 은혜입니다. 그리고 믿는 자는 끝까지 인내할 수 있는 복을 받습니다. 인내는 마지막 때를 사는 성도들에게 필수적인 덕목입니다. 이런 것이 믿음의 유익입니다.

37항은 믿는 자들이 죽을 때 얻는 믿음의 유익이 있다고 합니다. 믿음으로 얻는 유익은 이 세상에 한정된 것이 아닙니다. 그 유익은 죽음의 순간에도 유지됩니다. 믿는 자는 죽는 순간에도 복을 받습니다. 성경은 믿는 자를 가리켜 그리스도와 연합한 자라고 합니다. 세례를 받을 때 그리스도와 연합하기 때문입니다.(로마서 6:3, 갈라디아서 3:27) 이는 예수님을 통해 구원받은 새 사람 되었다는 의미입니다. 믿는 자는 새 사람이 된 후 거룩한 생활을 합니다. 그 후 죽음의 순간에 자신의 거룩함을 완성합니다. 하나님 앞에 설 수 있는 존재가 됩니다.

믿는 자의 영혼은 죽음의 순간에 하나님께로 인도됩니다. 성경은 이것을 첫째 부활이라고 합니다.(요한계시록 20:5, 6) 믿지 않는 자들에게는 첫째 부활이 없습니다. 사람의 육신은 없어지지만 영혼은 없어지지 않습니다. 그리고 예수께서 재림하실 때 부활의 몸을 얻습니다. 믿는 자는 그 부활의 몸으로 영원히 삽니다. 37항에 '그리스도와 연합이 유지된 몸'이라는 표현이 있습니다. 이는 지금의 몸이 장차 썩지 않는 부활의 몸으로 다시 살아난다는 것을 염두에 둔 것입니다. 그러므로 믿는 자에게 있어 죽음은 마냥 슬프기만 한 것은 아닙니다. 인간적 만남이 끊어진다는 것은 슬픈 일입니다. 그러나 하나님을 뵙는다는 점에서는 오히려 기쁜 일입니다.

그러나 믿음의 가장 큰 유익은 부활의 날에 받습니다. 38항이 이에 대한 내용입니다. 믿음으로 얻는 유익은 이 세상에서 사는 동안과 죽음의 순간에만 해당되는 것이 아닙니다. 그 유익은 믿는 자가 부활할 때도 있습니다. 실은 이것이 믿음의 진정한 유익입니다. 앞에서 강조한 것처럼 믿음의 궁극적 목적은 영원한 생명을 얻는 것입니다. 믿는 자의 진정한 소망은 천국에 있습니다. 이 영생에 대한 약속은 막연하고 가치 없는 소망이 아닙니다. 죽음을 직면한 사람에게 가장 현실적인 소망입니다. 가장 가치 있는 소망입니다. 죽음을 눈앞에 둔 사람은 영생에 대한 약속이 진정한 소망임을 체험합니다. 선하신 하나님께서 가장 좋은 것을 인간들에게 약속하신 것입니다. 그래서 38항은 영생을 가리켜 온전한 행복이라고 합니다. 최고의 복, 가장 영광스러운 삶이라는 뜻입니다.

성경은 믿는 자가 누릴 영광의 삶을 가리켜 '영원히 왕처럼 살 것'이라고 표현합니다.(요한계시록 22:5) 왕처럼 잘 먹고 잘 산다는 뜻이 아닙니다. 왕처럼 영광스러운 모습을 가지게 될 것이라는 뜻입니다. 이것이 짐승의 표가 아닌 하나님의 인침을 받은 사람이 영원히 누릴 삶입니다.

믿음에로의 초대

결국 모든 것이 하나님의 존재 유무에 달려 있습니다. 만약 하나님이 계시다면 성경의 모든 것이 진실입니다. 만약 하나님이 안 계시다면 성경의 모든 것이 거짓입니다. 그래서 모세가 하나님의 이름을 물었을 때, 하나님께서는 자신의 이름을 '야웨' 즉 '존재자'라고 말씀하셨습니다.(출애굽기 3:14) 그것이 가장 중요한 사실이기 때문입니다. 하나님께서 존재하신다는 사실이 가장 중요합니다. 그것이 성경의 기초가 되고 기독교 신앙의 기초가 됩니다.

하나님이 존재하시면 천국과 지옥이 있고 영원한 생명과 영원한 형벌이 있습니다. 성경은 진리의 말씀이 됩니다. 하나님이 존재하지 않는다면 아무것도 없습니다. 천국과 지옥도 없고 영원한 생명과 형벌도 없습니다. 성경은 거짓일 뿐입니다.

성경은 하나님이 존재하신다고 말합니다. 하나님만이 유일하신 신(神)

이며, 다른 신들은 존재하지 않는다고 합니다. 하나님이 세상을 창조하셨고, 만물과 인간의 생사화복을 주관하신다고 합니다. 이렇게 하나님의 존재하심을 선포하는 성경은 사람의 깨달음을 기록한 책이 아닙니다. 하나님께서 알려주신 것을 기록한 책입니다. 이것은 성경을 이해하는데 있어 매우 중요한 사실입니다.

사실 성경에는 믿기 어렵고 이해하기 힘든 말씀들도 있습니다. 그 이유는 그 말씀들이 신의 지혜에 속한 말씀들이기 때문에 그렇습니다. 작은 그릇이 큰 그릇을 담을 수 없는 것처럼, 인간이 신의 지혜를 다 이해할 수는 없습니다. 그래서 성경이 믿음을 요구합니다. 믿음을 가진 사람이 성경을 이해합니다. 믿음을 가진 사람은 신의 지혜를 믿고 이해할 수 있습니다. 성경은 믿음으로 이해하는 책입니다.

하나님의 존재하심을 확인할 수 있는 길이 있습니다. 그것은 하나님의 지혜를 아는 것입니다. 사람의 지혜가 아닌 것을 신의 지혜로 인정하는 것입니다. 그를 통해 하나님의 존재하심을 믿을 수 있습니다. 하나님을 믿는 사람은 하나님의 존재하심을 체험합니다. 하나님께서 자신의 존재를 알리십니다.

성경의 진리를 하나님의 지혜로 인정함으로써 하나님을 믿을 수 있습니다. 하나님을 믿음으로써 하나님의 존재하심을 체험할 수 있습니다. 하나님의 존재하심을 체험함으로써 굳센 믿음을 가질 수 있습니다. 거룩한 믿음의 사람이 될 수 있습니다. 그가 영원한 생명과 영원한 상급을 받습니다. 이것이 교회가 사람들을 믿음으로 초대하는 이유입니다.

하나님이 존재하시기 때문에 하나님께서 약속하신 영원한 생명이 있습니다. 하나님이 계시는 천국 또한 있습니다. 다만 그것이 사람의 눈에 보이지 않을 뿐이며 살아서 확인할 수 없을 뿐입니다. 하나님을 믿고 영원한 생명을 얻어야 합니다.

하나님께서 베푸시는 은혜가 영원한 생명만은 아닙니다. 하나님의 자녀들은 생활 가운데서도 하나님의 은총을 체험하며 삽니다. 목자가 양떼를 푸른 초장과 쉴만한 물가로 인도하는 것처럼 하나님께서 인도하시고, 보호하시고, 채워주시는 삶을 체험할 수 있습니다.

하나님께서는 믿는 자들의 가정을 화목케 하십니다. 일용할 양식을 주시고 모든 것을 필요에 맞게 공급하십니다. 이것이 믿는 자들이 영원하신 창조주 하나님을 아버지라고 부르는 이유입니다. 하나님은 믿는 자들을 자녀로 삼으셔서 아버지처럼 보살펴주시고 도와주십니다. 사랑이 많으신 하늘 아버지의 보호 가운데 사는 것이 믿는 자들의 생활입니다. 그래서 성숙한 믿음을 가진 사람들의 삶에는 늘 사랑과 평안과 기쁨이 넘치는 것입니다.

하나님께 대한 믿음은 저절로 자라는 것이 아닙니다. 혼자서 깨달을 수 있는 것도 아닙니다. 하나님에 대한 믿음은 교회 안에서 싹이 트고 교회 안에서 성장합니다. 그래서 하나님께서 이 세상에 교회를 세우셨습니다. 하나님께 대한 믿음을 가지고 그 믿음이 성장하기 위해서는 교회에 출석하는 일이 반드시 필요합니다.

하나님은 이스라엘 백성을 선택해 '율법'을 지키게 하셨습니다. 그리고 교회를 세워 '복음'을 지키게 하셨습니다. 예수께서 교회의 기초를 놓으셨습니다. 성령께서 그 기초 위에 교회를 세우셨습니다. 교회는 은혜의 백성이고 사랑의 공동체입니다. 진리의 군대이며 구원의 방주입니다. 하나님은 교회를 통해 구원의 역사를 이루어 가십니다. 그러므로 당연히 교회의 사명과 역할이 중요합니다. 교회가 사명을 제대로 감당할 때 하나님의 구원 계획이 제대로 열매를 맺을 수 있습니다. 홍수 때 노아의 방주가 구원의 역할을 감당했던 것처럼, 마지막 날을 기다리고 있는 시대에는 교회가 그 역할을 감당해야 합니다. 교회는 구원에 아주 중요한 역할을 하고 있습니다.

교회에서 예배를 드리고 성경 배우고 함께 교제하면서 하나님의 사랑을 배웁니다. 그리고 하나님의 뜻을 따라 사는 것을 배웁니다. 이것이 믿는 사람과 믿지 않는 사람의 가장 큰 차이점입니다. 믿는 사람들은 하나님의 뜻을 따라 살지만, 믿지 않는 사람들은 자기의 뜻을 따라 삽니다. 전자는 어리석은 것 같지만 실은 지혜롭고 후자는 지혜로운 것 같지만 실은 어리석습니다.

그렇게 하나님의 뜻을 따라 사는 사람들은 자연스럽게 건전한 가치관과 거룩한 꿈을 가지게 됩니다. 그는 부모형제를 사랑하고 가족을 소중히 여기며 이웃을 사랑합니다. 어려움 가운데 인내하고 소망을 잃어버리는 법이 없습니다. 바로 이런 것을 교회가 가르칩니다.

교회가 완전하지는 않습니다. 좋지 못한 모습을 보일 때가 많이 있습니다. 교회 안에 갈등도 있습니다. 그러나 그것이 교회를 찾지 않는 이유가 될 수는 없습니다. 하나님을 사랑하고 하나님의 은총을 사모하는 사람들이 모인 교회는 그런 문제점을 극복하고 더욱 바람직한 모습으로 성장하게 됩니다. 영원하신 하나님에 대한 믿음은 교회 안에서 싹트고 교회 안에서 성장할 수 있다는 사실을 알아야 합니다. 그래서 자신에게 맞는 교회에서 믿음

생활을 시작해야 합니다.

영원한 집

"너희는 마음에 근심하지 마라. 하나님을 믿고 또 나를 믿어라. 내 아버지 집에는 너희들이 있을 곳이 많이 있다. 만일 그렇지 않다면 내가 너희에게 이런 말을 하지 않았을 것이다. 나는 너희를 위하여 한 장소를 마련하러 간다. 내가 가서 너희를 위해 한 장소를 마련한 뒤에, 다시 와서 너희를 데려가, 내가 있는 곳에 너희도 있게 하겠다. 너희는 내가 가는 그 곳으로 가는 길을 알고 있다"(요한복음 14:1-4)

예수님이 제자들에게 하신 말씀입니다. 예수님은 천국에 제자들을 위한 처소가 있다고 하십니다. 구원 받은 자들이 영원히 머물 집입니다. 성경은 믿는 자들에게 하늘나라의 집, 영원한 집을 약속합니다. 이 세상에서의 고급 주택이나 비싼 아파트와 비할 바가 아닙니다.

"아무도 이미 놓여 있는 기초 외에 다른 기초를 놓을 수 없습니다. 왜냐하면 그 기초는 예수 그리스도이시기 때문입니다. 어떤 사람이 이 기초 위에 금이나 은이나 보석이나 또는 나무나 풀이나 짚 등을 이용하여 건물을 세울 것인데 각 사람이 일한 성과가 드러나게 될 것입니다. 그 날은 불로 나타나기 때문에 일한 것이 밝히 드러날 것입니다. 그래서 그 불이 각 사람의 한 일을 검증할 것입니다."

(고린도전서 3:11-13)

바울은 천국의 영원한 집이 금, 은, 보석이나 나무, 풀, 짚으로 지어진다고 말합니다. 하나는 불에 타지 않는 재료고 하나는 불에 타는 재료입니다. 천국에서의 상급을 말한 것으로 결코 흔들리지 않는 굳센 믿음을 가지라는 권면입니다.

믿는 자는 천국에 집이 있습니다. 그곳은 죽음과 슬픔, 울음과 아픔도 없는 곳입니다. 영원히 맑은 곳이고 영원히 밝은 곳입니다. 생명수와 생명나무가 있습니다. 부정하고 더러운 것이 하나도 없습니다. 오직 하나님의 영광과 기쁨과 평안이 있습니다. 믿는 자는 그런 곳에 집을 가지고 있습니다. 그곳이 믿는 자의 원래 고향입니다.(히브리서 11:14) 이 세상에서는 나그네일 뿐입니다. 그래서 세상의 것을 아무 가치 없이 여기며 모든 고난을 인내합니다. 그 영원한 집을 얻는 사람에게 복이 있습니다. 그 복은 신령한 복이고 영원한 복입니다.

그 영원한 집을 얻기 위해서는 한 가지 조건이 있습니다. 아무나 그 집을 얻는 것이 아닙니다. 그 한 가지 조건은 예수를 믿어 거룩한 사람이 되는 것입니다. 천국은 거룩한 사람이 가는 곳입니다. 착한 사람, 열심히 산 사람이 가는 곳이 아닙니다. 오직 거룩한 사람만 천국에 갈 수 있습니다. 거룩한 사람만 영원한 집을 얻습니다.

착하게 살면 누구나 다 천국 간다고 말하는 사람들이 있습니다. 그렇지 않습니다. 착한 사람이 천국에 가는 게 아니라 거룩한 사람이 천국에 갑니다. 그런데 거룩한 사람이 되는 길은 예수 믿는 길밖에 없습니다. 사람은 오직 예수에 대한 믿음을 통해 거룩해질 수 있습니다. 다른 길은 없습니다. 로마서 1:17이 그런 뜻입니다. '하나님께서 주시는 의가 복음에 계시되어 있습니다. 성경에 의인은 믿음으로 인하여 살 것이다 라고 기록되어 있듯이, 하나님께로부터 오는 의는 처음부터 끝까지 믿음으로 얻을 수 있는 것입니다' 라는 말씀입니다.

사람은 철저하게 믿음으로 구원을 받습니다. 처음부터 끝까지 오직 믿음으로 영원한 생명을 얻습니다. '믿음으로 믿음에 이르게 한다는 말은, 믿음에서 시작해 믿음으로 끝난다는 말입니다. '철두철미 오직 믿음으로'라는 뜻입니다. 사람은 오직 믿음으로 거룩해집니다. 그리고 거룩한 사람만이 구원을 받습니다.

거룩한 사람은 하나님을 닮은 사람입니다. 하나님의 사랑과 정의, 은혜와 진리로 충만해진 사람입니다. 그래서 사랑과 정의의 사람, 은혜와 진리의 사람이 됩니다.

거룩한 사람은 첫째, 사랑의 사람입니다. 하나님을 전심으로 사랑하고 이웃을 내 몸처럼 사랑하는 사람입니다. 사랑의 하나님을 닮은 것입니다. 거룩한 사람은 하나님을 사랑하고 가족과 친구들을 사랑합니다. 미운 사람들까지 사랑합니다. 진실로 거룩한 사람이 되면 미운 사람들을 위해 기도할 수 있습니다. 하나님이 그런 분이시기 때문입니다.

스데반이 그런 사랑의 사람이었습니다. 스데반은 '자유민들 회당' 사람들의 계략에 빠져 순교했습니다. 그때 '주님, 이 죄를 이 사람들에게 돌리지 마십시오'라고 외쳤습니다.(사도행전 7:60) 예수님이 자신을 십자가에 못 박는 사람들을 사랑하신 것처럼(누가복음 23:34), 스데반도 자신에게 돌을 던져 죽이는 자들을 사랑한 것입니다. 스데반은 거룩한 사람이 분명합니다.

거룩한 사람은 둘째, 정의의 사람입니다. 사랑은 풍성하지만 정의가 빈약하다면, 그는 거룩한 사람이 될 수 없습니다. 정의감 없이 거룩할 수는 없습니다. 늘 거짓말을 하고 약자를 괴롭히며, 온갖 사회적 불의를 저지르는 거룩한 사람은 상상할 수 없습니다. 손이 없는 농구선수나 발이 없는 축구선수를 상상할 수 없듯이 말입니다. 거룩한 사람은 반드시 정의의 사람이 되어야 합니다.

세례자 요한이 그런 정의의 사람이었습니다. 요한은 자신에게 세례를 받으러 오는 사람들에게 '옷 두 벌 있는 자는 옷 없는 자에게 나눠 줄 것이요 먹을 것이 있는 자도 그렇게 할 것이니라'고 말했습니다. 그리고 세리들에게 '부과된 것 외에는 거두지 말라'고 했습니다. 군인들에게 '사람에게서 강탈하지 말며 거짓으로 고발하지 말고 받는 급료를 족한 줄로 알라'고 했습니다.(누가복음 3:11-14) 모두 정의를 강조하는 내용입니다.

거룩한 사람은 셋째, 은혜의 사람입니다. 믿는 자는 구원의 은혜를 누립니다. 영원히 살 자격이 없는 사람이 하나님의 은혜로 영생을 얻을 수 있게 된 것입니다. 한편 믿는 자는 일상 가운데, 하나님이 깨우쳐주시고 인도하시며, 보호하시고 채워주시고, 기다려주시는 은혜를 누립니다. 그 받은 은혜를 전하면서 사람들을 하나님의 은혜로 인도합니다.

삭개오가 그런 은혜의 사람이었습니다. 삭개오는 자신의 집에서 묵겠다는 예수님 말씀을 듣고 몹시 기뻐했습니다. 그리고 소유의 절반을 가난한 자들에게 주고 속인 것이 있으면 네 배로 갚겠다고 약속했습니다. 예수님께 받은 은혜를 그 즉시 가난한 사람들과 나눈 것입니다. 그러자 예수께서 '오늘 구원이 이 집에 이르렀다, 이 사람도 아브라함의 자손이다'라고 칭찬하셨습니다.(누가복음 19:1-10)

거룩한 사람은 넷째, 진리의 사람입니다. 사람은 진리로 거룩해지기 때문에, 거룩한 사람은 당연히 진리의 사람입니다. 요한복음 17:17에서 예수님은 이렇게 말씀하십니다. '그들을 진리로 거룩하게 해 주시옵소서. 아버지의 말씀은 진리입니다.' 하나님의 말씀이 곧 진리인데, 제자들이 그 진리로 거룩해진다는 말씀입니다. 거룩한 사람은 진리를 알고 진리를 믿는 사람입니다. 진리를 전하는 사람입니다.

사도 바울이 그런 진리의 사람이었습니다. 바울은 진리를 위해 감옥에 갇히고 수없이 매를 맞았습니다. 채찍으로 맞고 몽둥이로 맞고 돌로 맞았습니다. 배가 파선해 바다에서 표류했으며, 강에서 광야에서 위험을 겪었고, 강도와 동족과 이방인의 위협을 받았습니다. 자지 못하고 먹지 못하고, 추위에 떨고 헐벗음의 고통을 받았습니다.(고린도후서 11:23-27) 말할 수 없는 고난과 고통을 겪으면서도 진리를 확신하고, 진리를 전했던 것입니다.

이런 거룩한 사람이 되어 영원한 집에서 영원히 사시기를 축복합니다.

"너희는 마음에 근심하지 마라. 하나님을 믿고 또 나를 믿어라. 내 아버지 집에는 너희들이 있을 곳이 많이 있다. 만일 그렇지 않다면 내가 너희에게 이런 말을 하지 않았을 것이다. 나는 너희를 위하여 한 장소를 마련하러 간다. 내가 가서 너희를 위해 한 장소를 마련한 뒤에, 다시 와서 너희를 데려가, 내가 있는 곳에 너희도 있게 하겠다."(요한복음 14:1-3)

故 이병철 회장의 24개 질문과 그 답

부록

故 이병철 회장의 24가지 질문

『내 가슴을 다시 뛰게 할 잊혀진 질문』이라는 책의 '프롤로그'와 '인트로'에 나오는 이야기입니다.(『내 가슴을 다시 뛰게 할 잊혀진 질문』(차동엽, 명진출판, 2012, 4-22쪽) 이 책의 저자 차동엽 신부는 책을 쓰기 2년 전 쯤 지인에게서 다섯 쪽짜리 프린트 물을 받았습니다. 그 프린트 물의 제목은 〈삼성 이병철 회장이 1987년 타계하기 전 절두산성당 박희봉 신부께 보낸 질문지〉였습니다. 故 이병철 회장이 박희봉 신부에게 보낸 편지였던 것입니다.

이병철 회장이 생전에 박희봉 신부에게 편지를 보냈습니다. 그 편지에는 24개의 신앙적, 철학적 물음이 적혀 있었습니다. 이 회장의 편지를 받은 박 신부는 그 질문들에 답할 수 있는 적임자를 물색했습니다. 그러다가 그 편지를 정의채 몬시뇰(신부와 주교 사이의 고등성직자)에게 넘겼습니다. 그리고 정의채 몬시뇰과 이 회장의 만남이 주선되었습니다. 그러나 이 회장의 갑작스러운 별세로 인해 그 만남이 무산되었습니다.

신의 지혜 신의 존재

그런 사연의 편지가 23년 후인 2010년에 차동엽 신부에게 전달되었습니다. 그리고 차 신부는 그 24개의 질문을 기초로 해서 『내 가슴을 다시 뛰게 할 잊혀진 질문』이라는 책을 썼습니다. 책의 제목은 '故 이병철 회장의 잊혀진 질문들이 우리의 가슴을 다시 뛰게 한다'는 뜻일 것입니다. 차동엽 신부는 이 질문들을 가리켜 '죽음을 앞둔 한 인간이 영원에 대한 궁금증을 해소하고 싶은 절박함이 느껴지는 물음들'이라고 표현했습니다.

故 이병철 회장이 질문한 내용은 아래와 같습니다.

1. 신(하느님)의 존재를 어떻게 증명할 수 있나? 신은 왜 자신의 존재를 똑똑히 드러내 보이지 않는가?

2. 신은 우주만물의 창조주라는데 무엇으로 증명할 수 있는가?

3. 생물학자들은 인간도 오랜 진화 과정의 산물이라고 하는데, 신의 인간창조와 어떻게 다른가? 인간이나 생물도 진화의 산물 아닌가?

4. 언젠가 생명의 합성 무병장수의 시대도 가능할 것 같다. 이처럼 과학이 끝없이 발달하면 신의 존재도 부인되는 것이 아닌가?

5. 신은 인간을 사랑했다면 왜 고통과 불행과 죽음을 주었는가?

6. 신은 왜 악인을 만들었는가? 예: 히틀러나 스탈린, 또는 갖가지 흉악범들.

7. 예수는 우리의 죄를 대신 속죄하기 위해 죽었다는데, 우리의 죄란 무엇인가? 왜 우리로 하여금 죄를 짓게 내버려두었는가?

8. 성경은 어떻게 만들어졌는가? 그것이 하느님의 말씀이라는 것을 어떻게 증명할 수 있나?

9. 종교란 무엇인가? 왜 인간에게 필요한가?

10. 영혼이란 무엇인가?

11. 종교의 종류와 특징은 무엇인가?

(1) 기독교(천주교, 개신교) (2) 유태교 (3) 불교 (4) 회교(마호메트교) (5) 유교

(6) 도교

12. 천주교를 믿지 않고는 천국에 갈 수 없는가? 무종교인, 무신론자, 타 종교인
중에도 착한 사람이 많은데, 이들은 죽어서 어디로 가는가?

13. 종교의 목적은 모두 착하게 사는 것인데 왜 천주교만 제1이고 다른 종교는
이단시하나?

14. 인간이 죽은 후에 영혼은 죽지 않고 천국이나 지옥으로 간다는 것을 어떻게
믿을 수 있나?

15. 신앙이 없어도 부귀를 누리고, 악인 중에도 부귀와 안락을 누리는 사람이 많
은데 신의 교훈은 무엇인가?

16. 성경에 부자가 천국에 가는 것을 약대(駱駝)가 바늘구멍에 들어가는 것을 비
유했는데, 부자는 악인이란 말인가?

17. 이탈리아 같은 나라는 국민의 99퍼센트가 천주교도인데 사회혼란과 범죄가
왜 그리 많으며, 세계의 모범국이 되지 못하는가?

18. 신앙인은 때때로 광인처럼 되는데, 공산당원이 공산주의에 미치는 것과 어
떻게 다른가?

19. 천주교와 공산주의는 상극이라고 하는데, 천주교도가 많은 나라들이 왜 공
산국이 되었나? 예: 폴란드 등 동구 제국, 니카라과 등.

20. 우리나라는 두 집 건너 교회가 있고, 신자도 많은데 사회범죄와 시련이 왜

그리 많은가?

21. 로마 교회의 결정에 잘못이 없다는데, 그도 사람인데 어떻게 그런 독선이 가능한가?

22. 신부는 어떤 사람인가? 왜 독신인가? 수녀는 어떤 사람인가? 왜 독신인가?

23. 천주교의 어떤 단체는 기업주를 착취자로, 근로자를 착취당하는 자로 단정, 기업의 분열과 파괴를 조장하는데, 자본주의 체제와 미덕을 부인하는 것인가?

24. 지구의 종말은 언제 오는가?

이 24개의 질문은 상당히 보편적인 질문입니다. 많은 사람들이 궁금해하는 내용입니다. 그런 의미에서 모든 사람의 질문이라고 할 수 있습니다. 그래서 이 질문들에 대답해 보려고 합니다. 저는 개신교 목사로서 성경에 기초한 답을 하려고 합니다. 복음을 전하기 위한 목적입니다. 다른 사람이 '더 좋은 답'을 해주었으면 좋겠습니다. 더 좋은 답이 복음 전파에 더 큰 도움이 될 것이기 때문입니다. 저는 가능한 한 짧게 대답하려고 합니다. 제가 과문한 탓도 있지만 학문적, 사변적 답이 큰 도움이 되지 않기 때문입니다. 24개의 질문 하나하나는 그 답이 상당히 길어질 수도 있는 물음입니다.

[문1] 신(하느님)의 존재를 어떻게 증명할 수 있나? 신은 왜 자신의 존재를 똑똑히 드러내 보이지 않는가?

[답1] 하나님의 존재를 증명할 수는 없다. 그러나 신의 지혜를 인정하면서 신의 존재를 확인할 수는 있다. 하나님이 자신의 존재를 똑똑히 드러내 보이시

지 않는 이유는 참된 믿음을 원하시기 때문이다. 참된 믿음은 보지 않고 믿는 것이다.

하나님의 존재를 증명할 수는 없다. 반대로 하나님의 부재 역시 증명할 수 없다. 중세의 결론이 그렇고 현대 과학의 결론이 그렇다. 그러나 하나님의 존재를 확인할 수는 있다. 사람의 지혜가 아닌 것을 하나님의 지혜로 인정하는 것이다. 성경에 그런 지혜들이 있다. 삼위일체 하나님, 창조, 구원, 심판에 대한 지혜들이다.(이 책의 1장 참고)

성경에 나타난 하나님의 지혜를 4가지로 요약할 수 있다. 그것은 하나님의 본질에 대한 이야기, 하나님이 세상과 인류를 창조하셨다는 이야기, 죄의 용서와 영원한 생명이 있다는 이야기, 역사의 종말과 마지막 심판이 있다는 이야기다. 이것을 신학적 용어로 삼위일체론, 창조론, 구원론, 종말론이라고 한다. 이 4가지를 하나님의 지혜로 인정하면 하나님의 존재하심을 믿을 수 있다. 하나님의 지혜는 하나님의 존재하심에 대한 증거이기 때문이다.

한편, 하나님은 스스로 자신의 존재를 세상에 밝히 드러내지 않으신다. 그 이유는 참된 믿음을 원하시기 때문이다. 성경이 강조하는 참된 믿음의 조건은 보지 않고 믿는 것이다. 보지 않고 믿는 것이 참된 믿음의 중요한 조건이다. 그래서 성경은 하나님의 형상을 절대 만들지 말라고 경고한다.(출애굽기 20:23) 하나님의 형상을 만드는 것은 아주 큰 죄다. 전지전능한 신이 찬란한 모습으로 자주 나타나서 신비롭고 놀라운 일들을 보인다면 누구나 그 신을 믿을 것이다. 넋을 잃고 그 신을 경배하고 찬양할 것이다. 그런 신을 믿지 않을 이유가 없다.

예수를 십자가에 못 박아 죽이던 사람들이 이렇게 말했다. '이스라엘의 왕, 그리스도여, 십자가에서 내려오시라. 그러면 우리가 보고 믿겠다.' 심지어 예수와 함께 못 박힌 사람들조차 그렇게 비난했다.(마가복음 15:32) 그러나 예수는 십자가에서 내려오지 않았고 그대로 죽음을 당했다. 부활한 후에도 사람들 앞에 나타나지 않았다. 그래서 유대인들은 예수의 제자들이 예수의 시체를 훔쳐갔다는 헛소문을 퍼트렸다. 시체를 숨긴 후 예수가 부활했다고 거짓말을 한다는 소문이었다.(마태복음 28:11-15) 그런 소문이 돌아도 부활하신 예수는 대중들 앞에 나타나지 않으셨다.

그런 식의 믿음은 참된 신앙이 아니기 때문이다. 그런 믿음은 선한 자나 악한 자나, 참된 자나 거짓된 자나 누구나 가질 수 있는 신앙이다. 참된 사랑은 고급 백화점 명품 가게에서 확인할 수 있는 게 아니다. 비싸고 좋은 것을 받으면 누구나 사랑을 고백한다. 참된 사랑은 사망의 음침한 골짜기를 지나갈 때 확인할 수 있다. 그런 때 손을 꼭 잡고 함께하는 것이 참된 사랑이다. 성경은 보지 않고 하나님을 믿는 사람을 칭찬한다. 그것이 진실한 믿음이기 때문이다.

"그러므로 너희는 나를 금이나 은으로 된 신상으로 만들지 마라"(출애굽기 20:23)

"여호와께서 시내 산 불길 속에서 여러분에게 말씀하셨을 때, 여러분은 주님의 모습을 보지 못했소. 그러니 여러분은 이 사실을 마음 깊이 새겨 두시오." (신명기 4:15)

"예수님께서 도마에게 말씀하셨습니다. '너는 나를 보았기 때문에 믿느냐? 나를 보지 않고 믿는 사람들은 복이 있다.'"(요한복음 20:29)

"믿음은 우리가 바라는 것들에 대해서 확신하는 것입니다. 또한 보이지는 않지만 그것이 사실임을 아는 것입니다."(히브리서 11:1)

"여러분이 예수 그리스도를 본 일은 없지만 예수 그리스도께 사랑을 고백합니다. 지금 이 순간, 그분의 모습을 보지 못하면서도 그분을 믿고 있고, 여러분의 마음은 설명할 수 없는 기쁨으로 가득 차 있습니다."(베드로전서 1:8)

[문2] 신은 우주만물의 창조주라는데 무엇으로 증명할 수 있는가?

[답2] 무엇으로도 증명할 수 없다. 그러나 그 사실을 믿을 수는 있다. 이 믿음은 세뇌가 아니라 내적 확신이다. 믿는 자만이 알 수 있는 신앙의 신비다.

어떤 과학적 관찰이나 실험, 어떤 물리적, 수학적 논리로도 하나님이 우주만물의 창조주라는 사실을 증명할 수 없다. 우주와 생물의 존재에 관해 절대로 우연이라고 볼 수 없는 확률이 존재한다. 그래서 지적 설계라는 설명이 있다. 현존하는 우주와 모든 생물은 어떤 초자연적 존재가 지적으로 설계한 결과라는 것이다. 그러나 그렇게 지적 설계를 인정하더라도 그 존재가 하나님이라는 사실을 증명할 수는 없다.

그렇지만 하나님의 세상 창조를 강조하면서 그 창조를 종말로 마무리하는 종교는 기독교 밖에 없다. 신구약 성경 밖에 없다. 성경은 누누이 창조주 하나님을 강조한다. 그리고 그 사실을 단 한 번도 의심하지 않는다. 그런 창조주 하나님이 세상의 종말도 주관하신다고 한다. 하나님이 세상의 시작과 마지막을 주관하시는 것이다.

이런 말씀을 하나님의 계시로 믿고 하나님의 존재를 확인하는 방법만 있다. 기독교 신앙을 가지게 되면 하나님이 창조주이심을 확신하게 된다. 그 것은 세뇌의 결과가 아니라 성령께서 주시는 내적 확신이다. 믿는 자만이 알 수 있는 사실이다. 켄터베리의 대주교였던 안셀무스(1033-1109)가 '나는 알 기 위해 믿는다'라는 말을 했다. 믿음을 가지면 하나님이 창조주이심을 알 게 된다는 뜻이다. 믿음을 가지면 이를 확신하게 된다. 진리의 영이신 성령 께서 주시는 은혜로 그렇게 된다. 이것이 신앙의 신비다.

"태초에 하나님께서 하늘과 땅을 창조하셨습니다."(창세기 1:1)
"하나님께서는 사람들에게 하나님을 알 수 있게 하셨으므로 사람들 속에 하 나님을 알 만한 것이 있다는 것은 분명합니다. 세상이 창조된 이래로 하나님 의 보이지 않는 성품인 그분의 영원한 능력과 신성은 그가 만드신 만물을 보고 서 분명히 알 수 있게 되었습니다. 그러므로 사람들은 핑계를 댈 수 없습니다."
(로마서 1:19-20)
"이렇게 하신 것은 사람들이 하나님을 찾기를 바라시기 때문입니다. 사람들은 하나님을 더듬어 찾기만 하면 찾을 수 있습니다. 사실 하나님께서는 우리 각 사 람에게서 멀리 떨어져 계시지 않습니다."(사도행전 17:27)

[문3] 생물학자들은 인간도 오랜 진화 과정의 산물이라고 하는데, 신의 인간 창 조와 어떻게 다른가? 인간이나 생물도 진화의 산물 아닌가?
[답3] 아니다. 인간과 모든 생물은 창조의 산물이다.

진화론은 원자나 분자가 복잡한 화학물이 되고, 거기서 원시 생물이 생기고, 거기서 진화하여 고등 생물이 되었다고 한다. 처음에 어류가 생기고 거기서 양서류, 파충류, 조류, 포유류 등이 생겨났다고 한다. 인간의 경우라면 유인원에서 인간이 되었다고 한다. 성경은 처음부터 하나님께서 종별로 창조하셨으며 종에서 다른 종으로의 진화는 없다고 한다. 종(種, Species) 안에서의 변화(진화)는 인정한다.

성경은 살아남으려고 커지기를 원했던 새우가 고등어가 되고 참치가 되고 고래가 되는 것을 인정하지 않는다. 살아남으려고 강해지기를 원했던 잠자리가 참새가 되고 매가 되고 독수리가 되는 것을 인정하지 않는다. 처음부터 새우, 고등어, 참치, 고래, 잠자리, 참새, 매, 독수리로 존재했다는 것이다. 새우라는 종 안에서의 변화, 잠자리라는 종 안에서의 변화는 인정한다. 인간의 경우라면 원숭이가 사람이 되고 사람이 앞으로 더 진화하여 '사람 이상의 존재'(하늘을 날 수 있고 물속에서도 살 수 있는 그런 존재)가 되는 것을 인정하지 않는다. 사람이 백인, 흑인, 황인으로 다소 변화하는 것은 인정한다.(창세기 10:1-32, 셈, 함, 야벳의 자손 이야기) 사실은 이것이 더 과학적이다.

"하나님께서 말씀하셨습니다. '땅은 풀과 씨를 맺는 식물과 씨가 든 열매를 맺는 온갖 과일나무를 내어라' 하시니, 그대로 되었습니다. 이렇게 땅은 풀과 씨를 맺는 식물과 씨가 든 열매를 맺는 과일나무를 각기 종류대로 내었습니다. 하나님께서 보시기에 좋았습니다."(창세기 1:11-12)

"하나님께서 커다란 바다 짐승과 물에서 움직이는 생물과 날개 달린 새를 그 종류에 따라 창조하셨습니다. 하나님께서 보시기에 좋았습니다."(창세기 1:21)

"하나님께서 온갖 들짐승과 가축과 땅 위에서 기어 다니는 생물을 각기 그 종류대로 만드셨습니다. 하나님께서 보시기에 좋았습니다."(창세기 1:25)

"하나님께서 말씀하셨습니다. '우리가 우리의 모습과 형상대로 사람을 만들자. 그래서 바다의 물고기와 공중의 새와 온갖 가축과 들짐승과 땅 위에 기어 다니는 모든 생물을 다스리게 하자.' 그래서 하나님께서 하나님의 형상대로 사람을 창조하시되, 남자와 여자를 만드셨습니다."(창세기 1:26-27)

[문4] 언젠가 생명의 합성 무병장수의 시대도 가능할 것 같다. 이처럼 과학이 끝없이 발달하면 신의 존재도 부인되는 것이 아닌가?

[답4] 아니다. 죽음이라는 문제가 있는 한 신의 존재가 완전히 부인될 수는 없다.

과학의 발달과 함께 신에 대한 관심이 축소되는 것은 피할 수 없다. 이전에 신의 영역이라고 믿어졌던 것들이 과학으로 가능해지거나 설명되기 때문이다.(장기 이식, 인공심장, 줄기세포 복제 등) 그렇게 인간의 능력을 과신하게 되면 신을 의지하는 마음이 약해진다. 그런 경향이 강해지면 신의 존재 자체를 부인하게 된다.

그러나 그런 인간도 죽음의 문제를 직면하게 되면 달라진다. 신을 찾게 되고 신을 의지하게 된다. 신의 도움을 받고 싶고 또 신에게 물어보고 싶은 것이 있는 것이다. 죽음 후의 세계 같은 것이다. 故 이병철 회장이 박희봉 신부에게 24개 질문을 한 이유도 죽음이라는 문제를 직면했기 때문일 것이다.

인간의 죽음의 문제를 완전히 해결하는 신은 삼위일체 하나님이 유일하시다. 성부, 성자, 성령 하나님만이 인간을 죄에서 구원하시고 영원한 생명을 주실 수 있다. 그래서 기독교가 유일한 구원의 종교이다. 죽음의 문제를 완전히 해결하여 인간에게 영원한 생명을 준다는 뜻이다.

"사람의 운명과 짐승의 운명은 비슷하다. 사람이 죽는 것처럼 짐승도 죽으므로, 사람이나 짐승이나 호흡은 동일하다. 이렇게 모든 것이 헛되니 사람이 짐승보다 나은 것이 무엇인가?"(전도서 3:19)

"그러므로 너는 네 젊음의 날에, 곧 네 괴로운 날들이 닥치기 전에, '이제는 사는 것이 낙이 없구나!'라고 말할 때가 닥치기 전에 창조주를 기억하여라."
(전도서 12:1)

"세상만사의 결론을 들었으니, 하나님을 경외하고, 그분의 명령을 지켜라. 이것이 사람이 해야 할 본분이다."(전도서 12:13)

"그들의 눈에서 모든 눈물을 닦아 주실 것이다. 이제는 죽음도, 슬픔도, 울음도, 아픔도 없으며, 모든 옛것들이 다 사라질 것이다."(요한계시록 21:4)

[문5] 신은 인간을 사랑했다면 왜 고통과 불행과 죽음을 주었는가?

[답5] 하나님이 고통과 불행과 죽음을 주신 것이 아니다. 인간 스스로 그런 길로 들어선 것이다. 피조물의 한계로 인한 고통과 불행과 죽음은 있다. 그렇지만 이 역시 인간의 잘못으로 인한 것이다. 인간이 죄를 지었기 때문에 생로병사의 고통과 불행과 죽음이 있는 것이다.

성경은 이 사실을 선악과 사건으로 설명으로 설명한다.(창세기 2-3장) 하나님은 아담에게 분명히 선악을 알게 하는 나무의 열매를 먹지 말라고 하시면서 이를 어길 시 반드시 죽으리라고 경고하셨다. 하와도 이 사실을 잘 알고 있었다. 그러나 뱀(사탄의 상징)의 유혹에 넘어가 선악과를 먹음으로써 하나님의 벌을 받게 된다. 아담과 하와가 그렇게 선악과를 먹은 이유는 하나님과 동등한 존재가 되고 싶었기 때문이다.

그런 불순종과 교만의 결과가 고통과 불행과 죽음이다. 인간이 경험하는 모든 고통과 불행과 죽음은 인간이 스스로 자초한 것이다. 정상적이고 모범적인 가정의 자식이 범죄와 마약과 도박에 빠졌다면 아이가 스스로 그 길에 들어선 것이다. 부모가 그 길로 빠지게 한 것이 아니다.

"그러나 유다 백성이 참으로 해치고 있는 것은 내가 아니다. 그들이 해치고 있는 것은 바로 그들 자신이다. 그들 스스로가 수치를 불러들이고 있는 것이다. 나 여호와의 말이다."(예레미야 7:19)

"그러므로 만군의 하나님, 이스라엘의 하나님 여호와께서 이렇게 말씀하셨다. '어찌하여 너희는 큰 죄악을 저질러 너희 스스로를 해치고 있느냐?'"

(예레미야 44:7)

"어리석게도 이런 사람은 완고하고 회개하지 않음으로 말미암아, 하나님의 의로우신 심판이 나타나는 날에 받을 진노를 스스로 쌓고 있습니다."(로마서 2:5)

그렇지만 피조물의 한계로 인한 고통과 불행과 죽음은 있다. 갑작스런 사고나 자연재해로 인해 고통과 불행과 죽음이다. 사람은 갑작스러운 각종 사고나 자연재해를 피할 수 없다. 불치병이나 난치병에 걸리는 경우도 있다.

병원마다 그런 환자가 넘쳐난다. 이는 육신을 가진 존재로서 어쩔 수 없는 일이다. 육신을 가졌기 때문에 사고를 당하고 병에 걸리는 것이다. 그리고 수명의 한계가 있는 것이다. 그러나 넓게 보면 이 역시 선악과 사건의 결과다. 사람은 선악과 사건의 결과로 죽는 존재가 되었다.(창세기 3:22-24)

"그러나 선악을 알게 하는 나무의 열매만은 먹지 마라. 만약 그 나무의 열매를 먹으면, 너는 반드시 죽을 것이다."(창세기 2:17)

"내가 너에게 아기를 가지는 고통을 크게 하고, 너는 고통 중에 아기를 낳게 될 것이다. 너는 네 남편을 지배하려 할 것이고, 남편은 너를 다스릴 것이다." (창세기 3:16)

"너는 먹기 위하여 얼굴에 땀을 흘리고, 열심히 일하다가 마침내 흙으로 돌아갈 것이다. 이는 네가 흙으로 지음을 받았기 때문이다. 너는 흙이니, 흙으로 돌아갈 것이다."(창세기 3:19)

"보아라, 사람이 우리 중 하나와 같이 되어 선과 악을 알게 되었으니, 이제 그가 손을 뻗어 생명나무의 열매를 따 먹고, 영원히 살게 되는 것을 막아야 한다." (창세기 3:22)

[문6] 신은 왜 악인을 만들었는가? 예: 히틀러나 스탈린, 또는 갖가지 흉악범들.
[답6] 하나님이 만드신 게 아니다. 그들 스스로 그렇게 악인이 된 것이다.

"주께서 악한 사람에게 선하게 대하셔도 그들은 의롭게 살려고 노력하지 않습니다. 정직한 땅에 살면서도 여전히 악한 일만 하며, 여호와의 위대하심을 보려 하지 않습니다."(이사야 26:10)

하나님은 인간을 하나님과 닮은 존재로 창조하셨다. 하나님의 모습과 형상을 가진 존재로 만드신 것이다.(창세기 1:26) 이는 인간의 본래 모습은 선하고 거룩한 존재라는 뜻이다. 그런데 하나님은 인간을 그렇게 창조하실 때 인간에게 이성과 자유의지를 주셨다. 인간 스스로 생각하고 판단할 수 있는 능력과 그 판단을 자유롭게 행할 수 있는 의지를 주신 것이다. 인간을 진실로 사랑하셨기 때문이다. 하나님은 짐승이나 로봇과 같은 존재를 원치 않으셨다.

인간의 이성과 자유의지는 하나님을 올바로 섬기기 위해 필요한 것이기도 하다. 이성과 자유의지가 없으면 로봇과 같은 존재가 되어 하나님께 참된 믿음과 순종을 드릴 수 없다. 그래서 하나님은 인간에게 이성과 자유의지를 부여하셨다. 이성과 자유의지의 부작용을 아시면서도 그렇게 하신 것이다. 참된 믿음과 순종을 원하셨기 때문이다. 하나님은 인간이 독립된 존재로서 스스로 하나님을 경배하기를 원하셨다.

그런데 이 인간의 이성과 자유의지가 문제를 일으킨다. 말씀에 기쁨으로 순종하기보다 말씀을 판단해 불순종하는 경우가 있다. 인간은 하나님의 지혜를 자신의 지혜로 판단한다. 그리고 하나님의 명령에 순종할지 아닐지를 자신의 의지로 결정한다. 인간은 이렇게 이성과 자유의지로 하나님의 뜻을 판단한다. 그런데 인간이 이런 이성과 자유의지를 악용할 때 죄를 짓는

다. 그 도가 지나칠 때 교만해져서 하나님을 거부하고 하나님께 불순종한다. 심지어 하나님을 저주한다. 히틀러나 스탈린, 또는 갖가지 흉악범들은 이성과 자유의지를 악용한 사람들이다.

"여호와께서 땅 위에 사람의 악한 행동이 크게 퍼진 것을 보셨습니다. 그리고 그들의 생각이 언제나 악할 뿐이라는 것도 아셨습니다. 여호와께서는 땅 위에 사람을 만드신 것을 후회하시며 마음 아파하셨습니다."(창세기 6:5-6)
"내가 깨우친 한 가지는 하나님께서 사람을 정직하게 만드셨지만, 사람들이 많은 꾀를 찾았다는 것이다."(전도서 7:29)
"주께서 정의를 바라셨으나 압제뿐이었고, 의로운 삶을 바라셨으나 고통의 부르짖음뿐이었다."(이사야 5:7)
"그들은 만군의 여호와의 가르침을 따르지 않았고, 이스라엘의 거룩하신 하나님의 말씀을 멸시하였다."(이사야 5:24)

그런데 악한 사람들 중에 끝까지 잘 사는 사람들이 있다. 말년이 나쁘고 흉한 죽음을 당하는 사람들도 있지만 끝까지 잘 먹고 잘 살다가 잘 죽는 악인도 있다. 그러나 하나님의 진정한 정의는 이 세상 마지막 날에 실현된다. 예수께서 이 세상을 심판하실 때 그들은 분명히 무서운 벌을 받고 영원히 벌을 받는다. 마지막 심판의 날에 모든 사람이 하나님의 의로운 심판을 보게 된다. 성경은 이것을 두 번째 죽음이라고 한다. 히틀러는 1945년 4월 30일에 첫 번째 죽음을 당했다. 육신의 죽음이다. 그리고 예수 그리스도가 재림하시는 날 두 번째 죽음을 당할 것이다. 심판의 죽음이다. 이 두 번째 죽음이 지옥에서의 영원한 고통을 의미한다.

> "그러나 비겁하고 믿지 않는 자, 악을 행하는 자, 살인하고 음란한 자, 마술을 행하고 우상 숭배하는 자, 거짓말하는 자들에게는 유황이 타는 불못이 예비되어 있을 것이다. 이것이 두 번째 죽음이다."(요한계시록 21:8)
> "선한 일을 한 사람들은 생명을 얻기 위해 부활할 것이며, 악한 일을 한 사람들은 심판을 받기 위해 부활할 것이다."(요한복음 5:29)

[문7] 예수는 우리의 죄를 대신 속죄하기 위해 죽었다는데, 우리의 죄란 무엇인가? 왜 우리로 하여금 죄를 짓게 내버려두었는가?

[답7] 사람의 죄는 크게 원죄(原罪)와 자범죄(自犯罪)로 구분된다. 원죄는 선악과를 먹은 죄를 의미하고, 자범죄는 원죄로 인해 짓는 죄는 의미한다. 자범죄는 다시 행위의 죄와 내면의 죄로 구분할 수 있다. 그리고 예수님은 사람들이 죄를 짓게 내버려두시는 것이 아니다. 인간 스스로 죄를 짓는 것이다. 예수님은 인간의 회개를 기다리신다. 그러나 하나님의 자비와 인내에도 불구하고 인간의 악한 죄가 계속될 때 하나님께서 그를 버려 버리시는 벌이 있다. 이를 유기(遺棄)의 벌이라고 한다.

원죄는 피조물인 인간이 창조주 하나님께 도전한 죄를 의미한다. 선악과를 먹지 말라는 하나님 명령에 불순종하고, 자신이 하나님과 동등한 존재가 되고자 한 죄를 말한다. 인간이 자기 자신을 과신하여 하나님과 같은 지혜와 능력을 가지고자 했다. 성경은 이 사실을 선악과 사건이라는 은유와

상징으로 설명한다.(창세기 3:1-19)

이 원죄가 모든 죄의 원인이다. 원죄는 의의 결핍과 성품의 오염을 가져온다. 인간은 원죄로 인해 선하고 거룩한 본성을 잃어버리고 죄의 본성을 가지게 되었다. 선하고 거룩한 본성을 잃어버리고 악한 본성을 가지게 된 것이다. 이 죄의 본성으로 인해 하나님의 사랑과 은혜를 무시하고 거부한다. 그리고 스스로 죄를 짓는 존재가 되었다. 성경은 사람이 하나님을 거부하고 무시하는 것을 가장 큰 죄라고 한다.

"나는 내 안에, 다시 말해서 나의 죄악 된 본성 안에 선한 것이라고는 하나도 존재하지 않는다는 사실을 압니다. 선을 행하려는 바람은 내게 있지만, 선을 행할 수는 없습니다."(로마서 7:18)

"죄의 본성이 생각하는 것은 하나님을 거스르는 것입니다. 그것은 하나님의 법에 복종하지 않을 뿐 아니라 할 수도 없습니다."(로마서 8:7)

"사람들은 하나님의 진리를 거짓으로 바꾸었습니다. 창조주 되신 하나님보다 지음 받은 피조물들을 더 예배하고 섬겼습니다."(로마서 1:25)

한편, 원죄에서 인간의 모든 실제적인 죄가 나온다. 그것을 자범죄라고 한다.(『웨스트민스터 소요리문답』 18항 참고) 자범죄는 원죄로 인해 인간 스스로 짓는 죄를 말한다. 이는 행위의 죄와 내면의 죄 모두를 포함한다. 성경은 마음과 생각으로 짓는 죄가 몸으로 짓는 죄와 똑같이 무서운 죄라고 한다. 이에 대한 유명한 말씀이 '누구든지 음란한 생각으로 여자를 바라보는 사람은 이미 마음속으로 그 여인과 간음한 것이다'라는 말씀이다.(마태복음

5:28) 마음으로 간음한 것이나 실제로 간음한 것이나 똑같은 죄라는 뜻이다. 성경은 거짓말, 도둑질, 강도, 살인, 배신, 간음, 강간, 유괴 등과 같은 실제적인 죄와 시기, 질투, 탐심, 음욕, 교만, 미움 등과 같은 마음과 생각으로 짓는 죄를 같이 취급한다. 하나님은 사람의 마음을 보시기 때문이다.

> "그러나 입에서 나오는 것은 마음에서 나온다. 이런 것들이 사람을 더럽게 만든다. 마음에서는 악한 생각, 살인, 간음, 음행, 도둑질, 거짓말, 그리고 비방이 나온다. 이러한 것들이 사람을 더럽게 만드는 것이다. 씻지 않은 손으로 먹는 것이 사람을 더럽히는 것이 아니다."(마태복음 15:18-20)

사람이 죄를 지을 때 하나님은 즉각 벌하지 않으신다. 만약 그렇게 하신다면 전과 수십 범이나 연쇄살인범 같은 죄인은 생기지 않을 것이다. 그 이유는 하나님의 자비와 아량과 오래 참으심 때문이다. 하나님은 죄인의 회개를 기다리신다. 하나님이 그들의 죄를 모르시기 때문이 아니다. 사람의 구원을 원하시기 때문에 기다리시는 것이다. 그렇지만 영원히 기다리시는 것은 아니다. 예수 그리스도의 재림 때까지 기다리신다. 마지막 날에 분명히 하나님의 심판이 있다. 죄인이 무사한 것은 하나님이 안계시기 때문이 아니다.

> "그렇지 않다면, 하나님의 자비로우심이 여러분을 회개로 이끄신다는 것을 깨닫지 못하고, 그분의 자비로우심과 넓으신 아량과 오래 참으심의 풍성함을 멸시하는 것입니까?"(로마서 2:4)

"그러나 이것은 하나님께서 우리를 위해 오래 참으시기 때문입니다. 하나님께서는 한 사람이라도 멸망치 않고 모두 회개하고 돌아오기를 바라고 계십니다."

(베드로후서 3:9)

"하나님께서는 모든 사람이 구원 받기를 원하십니다. 또한 모든 사람이 진리를 알기를 원하십니다."(디모데전서 2:4)

그런데 하나님의 그런 자비와 구원의 계획을 악용하는 인간들이 있다. 끝까지 회개하지 않고 계속 죄를 지으며 하나님의 자비와 인내를 빈정거리는 인간들이 있다. 그런 경우 하나님은 그를 버려 버리신다. 이를 유기의 벌이라고 한다. 회개할 기회를 박탈하시는 것이다. 유기의 벌을 받은 사람은 다시 회개할 수 있는 기회가 없다. 그래서 이를 가장 무서운 벌이라고 한다.

"너는 이 백성을 고집 센 백성으로 만들어라. 그들의 귀를 닫고 그들의 눈을 어둡게 하여, 듣고 보아도 깨닫지 못하게 하여라. 혹시 그들이 눈으로 보고 귀로 들어서 마음에 깨달음이 생겨, 내게 돌아와 고침을 받을까 걱정된다."(이사야 6:10)

"이들이 진리를 따르는 것을 거부했기 때문에, 하나님께서는 그들이 진리를 떠나 헛된 것을 좇아서 잘못된 길로 가도록 내버려 두셨습니다." (데살로니가 후서 2:11)

※ 유기(遺棄)의 벌: 바울은 로마서 1장에서 유기의 벌을 언급한다. 하나님께서 우상을 섬기고 동성애에 빠지고 하나님을 멸시하는 사람들을 버려 버리신다는 것이다. 세상에 우상과 동성애가 넘쳐나는 이유는 하나님이 그런 일을 인

정하고 허락하셨기 때문이 아니다. 세상에 하나님을 멸시하는 분위기가 만연하는 이유는 그래도 되기 때문이 아니다. 하나님께서 그런 자들에게 유기의 벌을 내리셨기 때문이다. 그들이 하고 싶은 대로 하도록 버려 버리셨기 때문이다. 그들을 멸망시키기로 결정하신 것이다. 유기의 벌을 받은 경우가 성경 여러 곳에 있다.

[문8] 성경은 어떻게 만들어졌는가? 그것이 하느님의 말씀이라는 것을 어떻게 증명할 수 있나?

[답8] 성경은 오랜 기간 상당히 복잡한 과정을 거쳐 완성되었다. 천주교는 구약 51권, 신약 27권을 정경으로 인정한다. 개신교는 구약 39권, 신약 27권을 정경으로 인정한다. 성경이 하나님의 말씀이라는 것을 증명할 수는 없다. 다만 믿음을 가지면 그 사실을 확신하고 인정하게 된다.

구약은 약 600년에서 800년에 걸쳐 다양한 저자들에 의해 기록되었다. 초기에는 구전 전승의 단계가 있었고 그 다음에 작문 단계가 있었다. 작문하면서 편집하는 단계가 있었고 편집하면서 전수하는 단계가 있었다. 그 후에 재편집의 단계가 있었다. 그리고 단순한 전수의 단계가 있었다. 그런 복잡한 단계를 거쳐 지금의 모습이 된 것이다.

※ 구약성경 분류: 구약성경은 유대인들이 완성했다. 유대인들은 구약성경 39권의 책을 보통 오경, 예언서, 성문서로 분류한다. 여기서 예언서를 전기 예언서(역사 기록)와 후기 예언서(순수 예언)로 구분할 수 있다. 기독교는 보통 구약성경을 오경, 역사서, 성문서, 예언서와 같이 네 부분으로 분류한다.

그리고 역시 수백 년에 걸친 정경화의 과정이 있었다. 오경과 예언서와 성문서가 정경으로 인정받기까지 오랜 시간이 걸렸다. 오경은 주전 450년경, 예언서는 주전 2세기경에 정경으로 인정받았다. 그 후 성문서가 정경으로 인정받았다. 주후 1세기 말 2세기 초에 대략 지금과 같은 모습으로 정경이 확정되었지만 몇몇 책은 2-3세기까지도 논쟁이 있었다.(전도서, 아가, 에스더)

※ 구약성경의 정경과 외경: 유대인들은 히브리어로 기록된 39권의 책을 구약의 정경으로 인정했다.(팔레스타인 정경, 39권) 이 히브리 성경을 주전 3세기 이후 헬라어로 번역하는 과정에서 15권의 책이 추가되었다.(알렉산드리아 정경, 54권) 천주교는 전통적으로 알렉산드리아 정경(일명 『칠십인역』)을 구약성경으로 채택했다. 그러나 루터의 종교개혁 이후 개신교는 팔레스타인 정경의 입장을 따라 39권만 구약의 정경으로 인정했다. 그리고 알렉산드리아 정경에만 있는 15권의 책을 외경이라 불렀다. 그 후 천주교는 트렌트 종교회의(1545-1563)에서 알렉산드리아 정경의 기본 입장을 재확인했지만 이때 3권을 정경에서 제외시켰다. 따라서 오늘날 천주교가 정경으로 인정하는 외경은 12권이다.(『구약성서의 세계』, 김영진, 하늘기획, 2009, 77-78쪽)

신약은 구약만큼 오랜 시간이나 복잡한 과정을 거치지는 않았다. 정경화의 과정도 그렇게 복잡하지 않다. 1세기 말에 다양한 기독교 문서들이 기록되었고 2세기 중반까지 중요한 책들이 인정받았다. 그리고 그룹으로 수집되기 시작했다. 2세기 중반부터 후반까지 신약의 정경이 실제화 되기 시작했고 주후 400년 무렵에는 신약의 정경이 완성되었다.

이 모든 과정에 사람의 노력이 있었고 사람의 지혜가 있었다. 그리고 사람의 결정이 있었다. 그렇게만 보면 성경은 사람이 쓰고 전수하고 모으고 정경으로 결정한 책이다. 사람의 지혜를 모은 책인 것이다. 하나님의 말씀일 수 없다.

그러나 그렇지 않다. 그 모든 과정에 하나님께서 간섭하셨다. 그리고 그 모든 내용이 하나님의 지혜다. 지금의 성경은 하나님께서 역사하신 결과물이다. 하나님께서 하나님의 지혜를 사람들에게 쓰게 하셨고 전수하게 하셨다. 모으게 하셨고 정경으로 결정하게 하셨다. 하나님의 섭리를 따라 사람들이 성경을 쓰고 전수하고 편집하고 정경으로 결정한 것이다. 성경은 하나님의 지혜를 하나님의 뜻에 따라 사람이 기록하고 모은 책이다. 그래서 하나님의 말씀이다. 사람이 쓰고 전수하고 모으고 정경으로 결정했지만 그 전체가 하나님의 계시다. 이것이 성경의 본질이고 진실이다.

"하나님 앞에 또한 감사한 것은, 여러분이 우리가 전한 복음을 사람의 말로 생각하지 않고, 하나님의 말씀으로 받아들인 것입니다. 복음은 참으로 하나님의 말씀이며, 그 말씀을 믿는 여러분 안에서 힘 있게 살아 움직이고 있습니다."(데살로니가전서 2:13)

성경이 하나님의 말씀이라는 것을 증명할 수는 없다. 다만 믿음을 가지면 그 사실을 확신하고 인정하게 된다. 이 역시 [답2]에서 밝힌 것처럼 세뇌의 결과가 아니다. 믿는 자 안에 거하시는 성령께서 주시는 내적 확신 때문이다. 성령의 도우심으로 그렇게 고백하는 것이다. 믿음의 고백은 세뇌의 결과가 아니다. 성령께서 주시는 내적 확신의 결과다.

사람의 지혜로 성경이 하나님의 말씀임을 깨닫는 게 아니다. 성경을 깊이 연구한 결과 성경이 하나님의 말씀임을 믿을 만한 증거를 발견하는 게 아니다. 믿음을 가지면 성령께서 이 사실을 깨닫게 하시고 믿게 하신다. 성경이 하나님의 말씀임을 내적으로 깨닫게 하시고 내적으로 확신을 주신다. 참된 믿음을 가진 사람은 이 사실을 안다. 그래서 성경은 믿음으로 이해하는 책이다. 계시의 말씀이기 때문에 그렇다. 이것이 성령께서 이 세상에 오신 이유다. 그리고 신앙의 신비다.

"모든 성경 말씀은 하나님께서 감동을 주셔서 기록되었기 때문에 진리를 가르쳐 주며, 삶 가운데 무엇이 잘못되었는지 알게 해 줍니다. 또한 그 잘못을 바르게 잡아 주고 의롭게 사는 법을 가르쳐 줍니다."(디모데후서 3:16)

"하나님의 말씀은 살아 있고 힘이 있습니다. 양쪽에 날이 선 칼보다도 더 날카로워서 우리의 혼과 영과 관절과 골수를 쪼개며, 마음속에 있는 생각과 감정까지 알아 냅니다."(히브리서 4:12)

"어떠한 예언의 말씀도 예언자가 마음대로 해석해서 기록한 것이 아니며, 사람의 뜻대로 말하고 싶은 것을 적어 놓은 것도 아닙니다. 그들은 성령의 감동을 받아 하나님의 말씀을 적어 놓았습니다."(베드로후서 1:20-21)

[문9] 종교란 무엇인가? 왜 인간에게 필요한가?

[답9] 종교를 초월에 대한 욕구로 정의할 수 있다. 종교는 인간에게 삶의 기쁨과 내세에 대한 소망, 그리고 도덕적이고 윤리적인 삶을 준다.

인간은 다른 동물과 달리 특별한 존재이긴 하지만 그런 인간에게도 분명한 한계가 있다. 첫 번째는 생로병사라는 한계다. 인간은 평생토록 병과 사고에 노출되어 있고 나이가 들면서 쇠약해진다. 그리고 죽음을 피할 수 없다. 생로병사는 모든 인간에게 고통과 두려움과 슬픔을 준다. 죽음은 영원한 이별을 의미한다.

두 번째는 불확실성이라는 한계다. 인간은 미래를 알지 못한다. 그래서 중요한 결정을 해야 하는 순간마다 두렵고 떨린다. 인간은 또 죽음 후를 알지 못한다. 그러면서 인생의 허무함을 느끼게 된다.

"형통한 날에는 기뻐하고 재앙의 날에는 살펴보아라. 이 모든 날들은 하나님께서 만드신 것이다. 그래서 사람들은 자기 미래를 알지 못한다."(전도서 7:14)

"사람이 미래를 알지 못하니, 장차 될 일을 누가 사람에게 말할 것인가?"

(전도서 8:7)

"이렇듯 어리석은 자는 말을 많이 한다. 일 분 앞도 알지 못하는 사람들이, 죽은 다음에 일어날 일을 어떻게 말할 수 있겠는가?"(전도서 10:14)

세 번째는 스스로 영적 만족을 얻지 못하는 한계다. 인간은 영과 혼과 육을 가진 존재다. 그래서 짐승과 구별된다. 짐승에게는 영과 혼이 없고 육과 본능만 있을 뿐이다. 그런 이유로 사람은 물과 빵만으로 만족할 수 없다. 육신의 편안함을 얻은 사람은 정신적 만족과 영적 만족을 추구하게끔 되어 있다. 사람은 분명히 영과 혼과 육의 만족을 구하는 존재다.

이 중에서 혼과 육의 만족은 사람의 노력으로 얻을 수 있다. 그러나 영의 만족은 그렇지 않다. 인간 스스로 영의 만족을 얻을 수 있는 길이 막혀 있다.(성경은 그 이유를 선악과 사건으로 설명한다) 영의 만족은 사람의 영을 만드신 하나님만이 주실 수 있다. 사람은 창조주 하나님과의 관계 속에서만 영적 만족을 얻을 수 있다. 이를 모르는 사람들이 영적 만족을 얻고자 종교를 만든다.

종교는 인간의 이런 한계들을 극복하고 싶은 인간의 욕구에서 시작된다. 인간은 누구나 생로병사의 고통을 벗어나고 싶다. 평온하고 안정된 미래를 얻고 싶고 죽음 후를 알고 싶다. 그리고 영의 만족을 얻고 싶다. 인간의 이런 보편적 욕구가 종교를 만드는 것이다.

그런 의미에서 종교는 초월에 대한 욕구다. 초월적 존재를 통해 자신의 한계(생로병사, 죽음 후의 세계, 미래에 대한 무지)를 초월하고자 하는 욕구가 종교를 만든다. 고통을 벗어나고 불안을 극복하며 영의 만족을 얻고자 하는 욕구가 종교를 만든다. 인간의 능력을 초월하는 깨달음을 통하여 자신의 한계를 극복하고자 하는 의지가 종교를 만드는 것이다.

한편, 종교는 삶의 기쁨을 주고 내세에 대한 소망을 준다. 건전한 가치관을 통해 건강한 가정을 만든다. 높은 도덕적, 윤리적 기준을 통해 정의로운 사회를 만든다. 종교 자체는 분명히 가정과 사회에 좋은 결과를 가져온다. 다만 모든 종교는 광신적 태도를 피해야 하며 중세적 세계관을 벗어나야 한다. 그렇지 못할 경우 종교가 오히려 삶의 큰 짐이 되고 가정을 파괴하며 사회에 큰 혼란을 가져 온다. 현대 종교 중에는 여전히 중세 이전의 세계관을 가진 종교가 있다.

"인생은 풀과 같습니다. 들판에 핀 꽃처럼 자랍니다. 바람이 불면 그 꽃은 떨어지고 그 있던 자리는 흔적조차 남지 않습니다."(시편 103:15-16)

"은줄이 풀리고, 금그릇이 깨어지기 전에, 물 항아리가 샘 곁에서 깨어지고, 두레박 끈이 우물에서 끊어지기 전에 너는 창조주를 기억하여라. 그 때에 흙으로 만들어진 인간은 흙으로 돌아가고, 그 영은 그것을 주신 하나님께로 돌아간다."

(전도서 12:6-7)

"바울이 아레오바고 시의회 앞에 서서 말했습니다. '아테네 시민 여러분, 내가 보기에 여러분은 모든 면에서 종교심이 강한 사람들입니다. 내가 이곳저곳을 돌아다니면서 여러분이 섬기는 것들을 자세히 살펴보았는데, 그 중에서 '알지 못하는 신에게'라는 글을 새긴 제단도 보았습니다. 그러므로 여러분이 알지도 못하고 섬기는 그 신에 대해 여러분에게 알려 드리겠습니다.'"(사도행전 17:22-23)

※ 종교에 대한 정의: 종교에 대한 유명한 정의로 쉴라이어마허(1768-1834)의 '절대 의존의 감정'이 있다. 그리고 루돌프 오토(1869-1937)의 '엄청나고도 매혹적인 신비'와 폴 틸리히(1886-1965)의 '궁극적 관심'(ultimate concern) 등이 있다.(『세계 종교 둘러보기』, 오강남, 현암사, 2003, 27-28쪽)

[문10] 영혼이란 무엇인가?

[답10] 영혼은 하나님이 인간에게 특별히 주신 하나님의 형상이다. 영혼은 영(靈)과 혼(魂)으로 구분해야 한다.

하나님은 세상 만물을 창조하실 때 오직 인간만 하나님의 형상을 따라 창조하셨다.(창세기 1:26-27) 그 의미는 인간이 하나님을 닮은 어떤 것을 가지고 있다는 뜻이다. 인간이 가진 '하나님을 닮은 그 어떤 것'이 바로 '하나님의 형상'이고, 그 '하나님의 형상'이 바로 사람의 영혼이다. 인간 외에는 이 세상 그 어떤 피조물도 하나님의 형상을 가지고 있지 않다. 사람 외의 동물과 식물에는 영혼이 없다는 뜻이다. 사람이 죽으면 몸은 사라지지만 사람의 영혼은 사라지지 않는다. 그 영혼이 그리스도의 재림 후 마지막 심판을 받는 것이다.

사람의 영혼을 영과 혼으로 구분해서 이해하는 것이 중요하다. 영은 사람의 영원한 생명과 영원한 죽음을 결정하는 하나님의 형상이다. 사람의 영은 창조주 하나님과 깊은 관계 속에 있으며 하나님의 은혜로 회복되고 또 정결해진다. 혼은 사람의 지성과 감성과 의지와 관계있는 하나님의 형상이다. 혼은 사람의 정신과 마음, 생각과 이성, 감정과 의지가 생기는 곳이다. 사람은 혼으로 배우고 판단하고 느끼고 결심한다.

"하나님께서 말씀하셨습니다. '우리가 우리의 모습과 형상대로 사람을 만들자. 그래서 바다의 물고기와 공중의 새와 온갖 가축과 들짐승과 땅 위에 기어다니는 모든 생물을 다스리게 하자.' 그래서 하나님께서 하나님의 형상대로 사람을 창조하시되, 남자와 여자를 만드셨습니다."(창세기 1:26-27)

영혼을 영과 혼으로 구분해야 하는 이유는 다음과 같다. 성경은 세례를 가리켜 그리스도와 함께 죽었다가 살아나는 의식이라고 한다.(로마서 6:3-8) 이때 그리스도와 함께 죽었다가 살아나는 것이 사람의 영이다. 혼이 아니다. 혼은 그런 변화가 없다. 세례 전 사람의 영은 진홍 같은 붉은 색이지만 세례 후 사람의 영은 눈과 같은 흰 색이다.(이사야 1:18 참고) 세례를 통해 사람의 영이 근본적으로 변화하는 것이다. 그렇지만 사람의 혼은 아무런 변화가 없다.

이렇게 변화된 사람의 영에 하나님의 영이 거하신다. 성경은 세례 받은 사람을 가리켜 성령의 전이라고 한다.(고린도전서 3:16, 6:19-20, 고린도후서 6:16, 에베소서 2:22) 사람 안에 하나님의 영이 거하신다는 뜻이다. 사람을 거룩한 성소로 삼아 하나님이 거하시는 것이다. 이때 하나님의 영이 거하시는 곳이 바로 세례를 받고 다시 태어난 사람의 영이다.

사람의 영이 사람의 영원한 생명(천국)과 영원한 죽음(지옥)을 결정한다. 혼이 아니다. 사람이 아무리 많이 배우고 똑똑하고 지혜롭고 모든 것을 공감하고 모든 것을 알아도 영이 다시 태어나지 않는 한 영원한 생명은 없다. 혼은 아무리 넓고 깊고 높고 강해도 사람을 영원한 생명으로 인도하지 못한다.

오직 맑고 깨끗하고 거룩한 영이 사람을 영원한 생명으로 인도한다. 그래서 예수를 믿는 무학(無學)의 촌부는 영원한 생명을 얻지만 예수를 믿지 않는 철학박사는 얻지 못한다. 전자는 허술한 혼을 가지고 있으나 죄 사함을 받은 흰 영을 가지고 있기 때문이다. 후자는 고도로 훈련된 혼을 가지고 있으나 죄로 물든 붉은 영을 가지고 있기 때문이다.

> "여호와의 말씀이다. '오너라, 우리 서로 이야기해 보자. 너희 죄가 심하게 얼룩졌을지라도 눈처럼 깨끗해질 것이며, 너희 죄가 진홍색처럼 붉을지라도 양털처럼 희어질 것이다.'"(이사야 1:18)
> "여러분은 우리가 그리스도 예수와 연합하는 세례를 받았을 때에, 그분의 죽음과 연합하는 세례를 받았다는 사실을 알지 못합니까? 우리가 그리스도와 함께 죽었다면 또한 그리스도와 함께 살아날 것도 믿습니다."(로마서 6:3, 8)
> "하나님의 말씀은 살아 있고 힘이 있습니다. 양쪽에 날이 선 칼보다도 더 날카로워서 우리의 혼과 영과 관절과 골수를 쪼개며, 마음속에 있는 생각과 감정까지 알아 냅니다."(히브리서 4:12)

※ 삼분설과 이분설: 사람을 영, 혼, 육으로 구분하는 것을 삼분설이라고 한다. 영혼을 하나로 보면서 인간을 영적 실체와 물질적 실체로 보는 것을 이분설이라고 한다. 신학자들 사이에 이에 대한 논쟁이 있다. 양쪽 모두 성경 말씀을 인용할 수 있기 때문에 성경이 어느 한쪽을 확실하게 지지한다고 보기는 어렵

다. 그러나 앞에서 설명한 이유와 같이 삼분설로 보는 것이 구원의 은혜를 설명하는데 적합하다. 구원의 문제에 있어 사람의 영과 혼의 역할이 확실히 구분되기 때문이다.

[문11] 종교의 종류와 특징은 무엇인가?

(1) 기독교(천주교, 개신교) (2) 유태교 (3) 불교 (4) 회교(마호메트교) (5) 유교

(6) 도교

[답11] 종교의 종류와 특징은 아래와 같다.

(1) 기독교(천주교, 개신교): 삼위일체 하나님(성부, 성자, 성령)을 믿고 구약과 신약을 정경으로 가진 종교다. 예수(Jesus, 기원전 6?-기원후 30?)가 시작했다. 인간이 구원(죄 사함과 영원한 생명)을 얻을 수 있는 유일한 종교다. 그 이유는 삼위일체 하나님의 능력과 은혜만이 인간을 구원할 수 있기 때문이다.

(2) 유태교: 성부 하나님만 믿고 구약만 정경으로 가진 종교다. 모세(Moses, 기원전 13세기 경 인물)가 시작했다.

(3) 불교: 성불(成佛)의 체험을 목표로 하며 많은 경전을 가지고 있다. 붓다(Buddha, 기원전 563-483, 어릴 적 이름이 고타마 싯다르타)가 시작했다. 진리를 깨달아 대오각성(大悟覺醒) 하는 것을 성불의 체험이라고 한다. 붓다가 35세 때 처음으로 이 성불의 체험을 했다.

(4) 회교(마호메트교): 알라(Allah) 신을 믿고 코란(The Quran)을 정경으로 가진 종교다. 무함마드(Muḥammad, 570-632)가 시작했다.

(5) 유교: 자아수양을 목표로 하고 자아실현을 목적으로 하면서 사서오경을 경전으로 가진 동양의 종교다. 공자(기원전 551-479)가 시작했다고 볼 수 있고 맹자와 순자가 그 뒤를 잇는다. 유교의 근본 관심은 참된 인간이 되기 위한 배움이다.

(6) 도교: 고대 중국에서 발생한 중국의 민족종교다. 신선사상을 기반으로 노장사상과 유교, 불교 등 여러 신앙 요소들을 받아 들여 형성되었다. 보통 철학적 도교인 도가(道家)사상과 종교적 도교인 도교(道敎)신앙으로 구분한다. 경전으로 노자(기원전 6세기 인물)의 『도덕경』과 장자(기원전 369-286)의 『장자』가 유명하다.

※ 유교와 도교: 동양 사상 전통에서 유교, 불교, 도교가 정신적 기둥이었다. 그 중에서 특히 유교와 도교는 대칭을 이루는 양대 산맥과도 같았다. 윤리와 실천을 강조하는 유교가 양에 해당한다면 좀 더 신비한 내면을 강조하는 도교는 음에 해당한다고 볼 수 있다. 두 사상 전통은 서로 보완 관계를 유지하면서 동양 사회의 정신적 필요에 부응했다.(『세계 종교 둘러보기』, 오강남, 현암사, 2003, 158쪽)

[문12] 천주교를 믿지 않고는 천국에 갈 수 없는가? 무종교인, 무신론자, 타 종교인 중에도 착한 사람이 많은데, 이들은 죽어서 어디로 가는가?

[답12] 기독교를 믿지 않으면 천국에 갈 수 없다. 예수를 믿지 않는 착한 사람들은 지옥에 간다. 그들이 착하지만 거룩하지 않기 때문이다.

예수를 믿지 않으면 천국에 갈 수 없다. 이 사실은 사람의 생각이 아니다. 사람이 정한 게 아니다. 기독교인이 기독교를 위해 이런 교리를 만든 게 아니다. 하나님의 뜻이 그렇다. 예수를 믿어야만 천국에 간다는 교리는 성경에 나타난 하나님의 뜻을 전한 것일 뿐이다.

> "하나님께서는 이 땅에 있는 것이나 하늘에 있는 것이나, 모든 만물이 오직 그리스도를 통하여 하나님께 나아올 수 있도록 정해 놓으셨습니다. 그리스도께서 십자가에서 흘리신 보혈로 평화의 길을 열어 놓으신 것입니다."(골로새서 1:20)
>
> "하나님은 오직 한 분이십니다. 하나님께 나아갈 수 있는 방법도 한 가지뿐으로 오직 예수 그리스도를 통해서만 가능합니다. 이것을 위하여 예수 그리스도께서는 사람의 몸으로 이 땅에 오셨습니다."(디모데전서 2:5)

이 책 2장 '한 분이 세 분이 한 분'에서 밝힌 것처럼 사람의 구원은 오직 삼위일체 하나님의 능력과 은혜로만 가능하다. 성부, 성자, 성령 하나님의 능력과 은혜를 통해서만 사람의 죄 사함이 가능하고 영원한 생명이 가능한 것이다. 이것이 기독교에만 구원이 있는 이유다. 예수를 믿어야지만 천국에 갈 수 있는 이유다. 다른 길은 없다. 삼위일체 하나님의 능력과 은혜가 아니고서는 사람의 구원은 절대 불가능하다.

무종교인, 무신론자, 타 종교인에도 착한 사람이 많다. 법 없이도 살 사람, 존경 받아 마땅한 사람, 타인을 위해 자신을 희생하는 사람, 어려운 사람을 위해 재산을 내놓는 사람, 평생 가난한 이웃을 위해 봉사하는 사람 등 착하고 선한 사람들이 많다. 그러나 착한 사람이 천국에 가는 것이 아니다.

거룩한 사람만이 천국에 간다. 그런데 오직 예수 믿는 사람만이 거룩한 사람이 될 수 있다. 모든 사람이 하나님의 형상을 가지고 있다. 그러나 그 형상은 원죄로 물들어 있다. 오직 세례를 받은 사람만이 그 하나님의 형상이 회복된다. 십자가의 대속의 은혜와 성령 세례로 인해 거룩해지는 것이다.

"나는 너희의 여호와 하나님이다. 내가 거룩하므로 너희도 거룩하여라."
(레위기 11:44)

"이와 같이 하나님께서는 세상을 사랑하여 독생자를 주셨다. 이는 누구든지 그의 아들을 믿는 사람은 멸망하지 않고 영생을 얻게 하려 하심이다."
(요한복음 3:16)

"예수님께서 대답하셨습니다. '내가 바로 그 길이요, 진리요, 생명이다. 나를 통하지 않고는 아버지께로 올 사람이 없다.'"(요한복음 14:6)

[문13] 종교의 목적은 모두 착하게 사는 것인데, 왜 천주교만 제1이고 다른 종교는 이단시하나?

[답13] 기독교의 목적은 착하게 사는 것이 아니다. 거룩하게 사는 것이다. 거룩한 삶의 결과가 영원한 생명이기 때문이다. 기독교가 다른 종교를 이단시하는 이유는 기독교에만 구원(죄 사함과 영원한 생명)이 있기 때문이다. 삼위일체 하나님만 사람의 죄를 용서하고 영원한 생명을 주실 수 있다. 다른 모든 경우는 불가능하다.

착하게 사는 것과 거룩하게 사는 것은 다른 것이다. 착하게 사는 것은 법을 어기지 않고 양심에 거리끼는 일을 하지 않는 것이다. 윤리 - 도덕적인 삶을 살면서 이웃과 더불어 사는 것이다. 힘들고 어려운 사람을 돕고 사회 정의를 실천하는 것이다. 거룩하게 사는 것은 세례를 받고 영적으로 거듭나는 것이다. 하나님의 형상을 회복한다는 뜻이다. 그리고 하나님을 경배하고 찬양하며 하나님의 말씀에 순종하며 사는 것이다. 영원한 것을 소망하고 사는 것이며 마귀의 유혹을 이기는 것이다.

착하게 사는 것과 거룩하게 사는 것은 이렇게 본질적으로 다르다. 그런데 예수를 믿는 사람만이 거룩하게 살 수 있다. 사람은 오직 삼위일체 하나님의 은혜로만 거룩해질 수 있기 때문이다. 그래서 기독교가 다른 종교를 인정하지 않는 것이다. 이것은 사람의 지혜가 아니다. 성경에 계시된 하나님의 지혜다. 사람의 생각으로 그런 결론을 내린 것이 아니라, 하나님의 뜻이 그렇다는 것을 전하는 것일 뿐이다.

그래서 기독교는 구도의 종교가 아니라 계시의 종교다. 사람의 깨우침을 따르는 종교가 아니라 하나님의 뜻을 믿는 종교다. 온전한 계시의 종교는 기독교가 유일하다. 유대교는 성자와 성령을 거부함으로써 진리의 길을 벗어났다. 회교는 구약과 신약을 참고했을 뿐 사람이 만든 종교다. 삼위일체 하나님에 대한 믿음이 없다는 것이 그 증거다.

"그들을 진리로 거룩하게 해 주십시오. 아버지의 말씀은 진리입니다."

(요한복음 17:17)

"그리고 믿음 안에서 여러분의 마음이 강해지기를 기도합니다. 그러면 우리 주 예수님께서 주님의 거룩한 백성들과 함께 다시 오시는 날, 여러분은 아버지 하나님 앞에서 거룩하고 흠 없이 서게 될 것입니다."(데살로니가전서 3:13)

"모든 사람과 사이좋게 지내며 거룩하게 사십시오. 만일 삶이 거룩하지 못하다면, 결코 주님을 만나지 못할 것입니다."(히브리서 12:14)

"하나님께서는 우리 구주 예수 그리스도를 통해 우리에게 이 성령을 풍성히 부어 주셔서, 우리가 하나님과 올바른 관계를 맺게 하셨습니다. 이 모든 것이 하나님의 은혜입니다."(디도서 3:6-7)

[문14] 인간이 죽은 후에 영혼은 죽지 않고 천국이나 지옥으로 간다는 것을 어떻게 믿을 수 있나?

[답14] 성경을 꾸준히 읽는 방법이 있다. 그 외에는 없다.

영혼 불멸이나 천국과 지옥의 존재는 객관적으로 증명할 수 없다. 어떤 과학적 실험이나 객관적 증거, 수학적 논리로 증명할 수 있는 사실이 아니다. 그러나 성경을 꾸준히 읽으면 믿음을 가지게 되고 믿음을 가지면 이를 확신하게 된다. 성령의 도우심으로 그렇게 되는 것이다. 그 내적 확신은 결코 세뇌의 결과가 아니라 믿음의 결과다. 믿음을 가진 사람은 이를 안다.

예수께서 '부자와 나사로' 비유를 말씀하셨는데 내용은 이렇다.(누가복음 16:19-31) 호화스럽게 살면서 가난한 자들을 외면하던 부자가 죽어 지옥에 갔다. 부자의 집 대문에서 부스러기를 주워 먹던 불쌍한 나사로는 천국에 갔다. 부자가 눈을 들어 천국에 있는 아브라함과 나사로를 보면서 아브라함에게 이런 부탁을 한다. 나사로를 자기 집안에 보내서 다섯 형제들이 지옥에 오지 않도록 해달라는 것이다. 죽었다가 살아난 사람이 가서 말하면 그들도 회개할 것이라고 한다.

아브라함은 부자의 부탁을 거절하면서 모세와 예언자의 말을 들으면 된다고 한다. 성경을 읽고 믿으면 된다는 뜻이다. 성경을 읽으면 사람의 영혼이 불멸한다는 사실과 천국과 지옥이 존재한다는 사실을 믿게 된다. 그런 믿음이 생긴다. 겸손한 마음으로 꾸준히 읽으면 더욱 좋다.

보지 않고 믿는 것이 참 믿음이다. 환상으로 천국과 지옥을 봤다는 사람들이 있다. 때로 그들의 간증이 신앙에 도움이 되기도 한다. 그렇지만 객관적인 증거는 없다. 봤다는 개인의 증언만 있을 뿐이다. 천국과 지옥 환상을 본 후 삶이 변화된 사람들도 있지만 이를 이용해 돈을 버는 사기꾼도 있다. 그러므로 천국과 지옥 간증이 무조건 신앙에 도움이 되는 것은 아니다. 한 가지 확실한 것은 천국과 지옥이 정말로 있다는 사실이다. 그것이 성경의 일관된 계시다.

"몸은 죽일 수 있으나 영혼은 죽일 수 없는 사람들을 두려워 마라. 영혼과 몸을 모두 지옥에 던져 멸망시킬 수 있는 분을 두려워하여라."(마태복음 10:28)

"부자가 말했다. '그렇지 않습니다. 아버지 아브라함이여! 누군가 죽었다가 살아나 그들에게로 가면 그들이 회개할 것입니다.' 아브라함이 그에게 대답했다. '만일 그들이 모세와 예언자들의 말을 듣지 않는다면, 죽은 사람이 다시 일어나도 그들은 믿지 않을 것이다.'"(누가복음 16:30-31)

"주께서 나를 모든 악한 일에서 건져내시고 또 그의 천국에 들어가도록 구원하시리니 그에게 영광이 세세무궁토록 있을지어다 아멘"(디모데후서 4:18)

[문15] 신앙이 없어도 부귀를 누리고, 악인 중에도 부귀와 안락을 누리는 사람이 많은데 신의 교훈은 무엇인가?

[답15] 엄밀히 말하면 기독교 신앙은 부귀영화와 전혀 상관이 없다. 기독교의 구원은 죄 사함과 영생을 의미하며, 신앙의 목적은 영원한 생명과 상급이다. 이 세상에서의 부귀영화가 아니다. 그리고 하나님의 정의는 이 세상 마지막 날에 있을 심판 때 실현된다.

실용주의 신앙이 있다. '예수를 믿으면 이런 점이 좋다, 신앙을 가지면 이런 것이 유용하다'고 강조하는 신앙이다. 실용주의 신앙에 장점이 있다. 현실적이고, 이해하기 쉽고, 효과적이다. 특히 예수를 믿지 않는 사람들을 교회로 인도하는데 그렇다. 이런 실용주의 신앙이 강조하는 것이 예수를 믿으면 영혼도 잘 되고 육신도 잘 된다는 것이다. 영원한 생명도 얻고 부귀영화도 누린다는 것이다.

그렇지만 이런 실용주의 신앙은 성경의 진정한 교훈이 아니다. 어느 날 베드로가 예수님께 '주여, 우리는 모든 것을 버리고 주님을 따르고 있습니다. 그 대가로 우리가 얻을 것은 무엇입니까?'라고 물었다.(마태복음 19:27-30) 예수를 믿고 따르는 대가로 무엇을 얻을 수 있느냐는 실용주의적 질문을 한 것이다. 이 질문의 핵심은 받을 수 있느냐 없느냐가 아니다. 받는 건 당연한데 뭘 받을 지를 물어본 것이다.

예수님은 그런 베드로에게 '이 세상에서 너희가 얻을 건 없다. 너희가 모든 것을 버리고 나를 따른 대가는, 저 세상에서 받을 것이다'라고 대답하셨다. 이 말씀을 들은 베드로는 당황했을 것이다. 베드로가 기대한 것이 아니기 때문이다. 예수님은 현세의 보상이 아니라 마지막 날에 받을 영원한 상급을 약속하신다. 베드로는 땅의 것을 바라고 물었다. 그것도 은근히 큰 것을 기대하고 물었다. 그러나 예수님은 영원한 상급과 영원한 생명으로 대답하신다. 사실 예수님의 제자들 중에서, 이 세상의 부귀와 영화를 누린 사람은 아무도 없다.

하나님의 정의가 사람의 정의와 확연히 다른 점이 한 가지 있다. 그것은 하나님의 정의가 그리스도 재림의 날에 완성된다는 사실이다. 하나님의 정의는 마지막 심판의 날에 온전히 이루어진다. 그래서 역사가 진행되는 동안에는 하나님의 정의를 제대로 알 수 없다. 때로는 불의가 정의를 이기는 것처럼 보인다. 때로는 정의가 없는 것처럼 보이기도 한다. 그래서 예언자들이 이를 불평하는 내용이 성경에 있다.

그러나 하나님의 정의는 하나님이 정하신 때에 반드시 이루어진다. 하나님이 정하신 때는 세상 마지막 날이다. 그리스도가 재림하시는 날이다. 세상 마지막 날이 되면 하나님의 정의가 반드시 불의를 이긴다. 하나님의 정의는 그때 확실하게 드러난다. 이것이 하나님의 정의가 사람의 정의와 구별되는 점이다.

※ 신정론(神正論): 신정론이라고 하는 다소 어려운 신학적 주제가 있다. 신정론은 신의 정당함을 주장하는 이론이라고 할 수 있다. 하나님이 선하고 전능하신데 왜 의인이 고통을 받으며 악인이 형통한가? 왜 불의와 악이 정의와 선을 이기는 것처럼 보이는가? 이런 문제를 다루는 신학적 이론이다. 그 이유가 바로

하나님의 진정한 정의는 그리스도 재림의 날에 이루어지기 때문이다. 그 날이 오면 모든 것이 제자리를 찾게 된다. 정의와 선이 불의와 악을 이긴다. 의인이 보상을 받고 악인이 형벌을 받는다. 그 날이 오기까지는 하나님의 진짜 정의를 알 수 없다.

[문16] 성경에 부자가 천국에 가는 것을 약대(駱駝)가 바늘구멍에 들어가는 것을 비유했는데, 부자는 악인이란 말인가?

[답16] 부자는 무조건 악인이라는 뜻이 아니다. 이 세상 것에 마음을 빼앗기면 영원한 것을 얻기 어렵다는 뜻이다. 이를 과장법으로 강조한 것이다. 성경에는 잘 해석해서 이해해야 하는 말씀들이 있다. '낙타와 바늘귀' 비유가 그렇다.

구약성경에 믿는 자가 부자가 되는 일에 긍정적인 말씀이 있다. 일단 믿음의 조상들이 모두 부자였다.(아브라함, 이삭, 야곱) 요셉과 다윗은 부와 권력을 가졌다. 그리고 부를 인정하고 칭송하는 말씀들이 있다. 그러나 신약성경에는 그런 말씀이 없다. 반대로 재물에 대해 부정적인 말씀이 많다. 재물을 경계해야 한다는 정도가 아니라 아예 악으로 규정한다. 돈을 사랑하는 것이 모든 악의 뿌리라고 한다.(디모데전서 6:10)

이렇게 구약과 신약이 부와 재물에 관해 다른 입장을 보이는 이유는 복의 개념이 다르기 때문이다. 예수님이 오시기 전에는 영원한 복을 말할 수 없었다. 그래서 구약은 세상적인 복을 약속한다. 구약의 복과 신약의 복은 근본적으로 다르다.

구약의 복은 출애굽기 23:25-26이 요약한다. '너희는 너희 하나님 여호와께 예배드려라. 그러면 내가 너희의 물과 빵에 복을 내리며 너희에게서 병을 없애 주겠다. 여자의 아기가 배 속에 있을 때에 죽는 일이 없게 하며 아기를 낳지 못하는 여자도 없게 하겠다. 그리고 너희는 수명이 다하기까지 살 것이다'라는 말씀이다. 재물, 건강, 자식, 장수가 모두 들어 있다.

신약의 복은 베드로전서 1:4가 요약한다. '이제 우리는 하나님께서 그분의 자녀들에게 주려고 준비해 두신 복을 소망합니다. 이 복은 여러분을 위해서 하늘에 간직되어 있으며, 결코 썩거나, 그 아름다움이 변하지 않습니다'라는 말씀이다. 하늘의 복이다. 이것이 마태복음 5장 산상수훈에 있는 팔복의 본질이고 성경의 진짜 복이다.

천국 부자와 세상 부자는 서로 상관이 없다. 세상 부자는 재물로 되는 것이고, 천국 부자는 하나님 사랑과 이웃 사랑으로 되는 것이다. 이 둘은 본질적으로 상관이 없고 실질적으로 서로 부딪친다. 하늘 부자는 세상 부자에 아예 무관심하고 세상 부자는 하늘 부자가 되기 아주 어렵다. 낙타와 바늘귀 비유의 교훈이 그렇다.

한때 한국 교계 일각에서 청부론 논쟁이 있었다. 깨끗한 부자가 기독교의 재물관이 되어야 한다는 입장과, 그것은 절대 아니라는 입장 사이의 논쟁이다. 사실 청부론, 청빈론이 문제의 핵심은 아니다. 문제 해결의 열쇠는 거룩함이다. '돈을 버는 사람이 거룩한 사람이냐 아니냐, 돈을 버는 목적이 거룩한 것이냐 아니냐, 돈을 버는 방법이 거룩한 것이냐 아니냐, 돈을 쓰는 내용이 거룩한 것이냐 아니냐' 그것이 중요하다. 돈의 많고 적음이 문제가 아닌 것이다.

거룩한 사람이, 거룩한 목적을 위해, 거룩한 방법으로 벌고, 거룩한 일에 쓰는 돈은 문제가 없다. 그가 많이 벌면 하나님께서 뜻이 있어 많이 맡기신 것이다. 그가 적게 벌면 하나님께서 뜻이 있어 적게 맡기신 것이다. 그렇지만 거룩한 사람은 돈이 아주 무서운 유혹이라는 사실을 안다. 하나님과 돈을 함께 섬길 수 없고, 돈은 일만 악의 뿌리며, 부자는 천국에 들어가기 아주 어렵다는 사실을 안다. 그러니 부자가 되겠다고 애쓸 이유가 없다.

"곧 허황한 거짓말을 내게서 멀리하여 주시고, 가난도 부함도 허락하지 마시고, 오직 일용할 양식만 주소서. 그렇지 않으면, 내가 배불러서 '여호와께서 누구인가?' 하고 당신을 부인할까 두렵습니다. 아니면 내가 가난하여져서 도둑질하고 내 하나님의 이름을 모욕할까 두렵습니다."(잠언 30:8-9)

"너희를 위하여 세상에 재물을 쌓아 두지 마라. 땅에서는 좀이 먹거나 녹슬어 못 쓰게 되고 도둑이 와서 훔쳐 갈 것이다. 그러므로 너희의 재물을 하늘에 쌓아 두어라. 하늘에서는 좀이 먹거나 녹슬지 않으며 도둑이 들어와 훔쳐 가지도 못할 것이다."(마태복음 6:19-20)

"다시 너희에게 말한다. 부자가 하나님의 나라에 들어가는 것은 낙타가 바늘구멍에 들어가는 것보다 더 어렵다."(마태복음 19:23-24)

"돈을 사랑하는 것이 모든 악의 뿌리입니다. 돈을 더 많이 얻으려다가 진실한 믿음에서 떠나고, 오히려 더 큰 근심과 고통만 당하게 됩니다."(디모데전서 6:10)

[문17] 이탈리아 같은 나라는 국민의 99퍼센트가 천주교도인데 사회혼란과 범
죄가 왜 그리 많으며, 세계의 모범국이 되지 못하는가?

[답17] 참된 기독교인(성령에 속한 사람)이 적기 때문이다.

예수 믿는 사람을 세 부류로 구분할 수 있다. 세례 받고 교회 다니는 사
람을 세 종류로 구분할 수 있다는 말이다. 성령에 속한 사람, 세상에 속한
사람, 불의한 사람이 그것이다.

"성도 여러분, 이전에 나는 성령에 속한 사람에게 말하듯이 여러분에게 할 수가
없어서 세상에 속한 사람을 대하듯, 다시 말해서 그리스도 안에서 어린아이를
대하듯 말할 수밖에 없었습니다."(고린도전서 3:1)
"여러분 스스로가 불의를 행하고 속이고 있습니다. 그것도 성도들끼리 말입니다.
여러분은 불의한 자들이 하나님 나라를 기업으로 상속받지 못한다는 사실을 알
지 못하십니까?"(고린도전서 6:8-9)

성령에 속한 사람(문자적으로는 '신령한 자')은 성령의 인도하심을 따라
사는 사람이다. 그는 성령의 지혜를 따라 믿고 성령의 뜻을 따라 행한다. 성
령과 친밀한 관계 속에 있는 사람이다. 예수님의 성품을 가지고 하나님의
뜻을 행하는 사람이다. 성령으로 충만한 성숙한 믿음의 사람을 말한다.

성령에 속한 사람은 성령의 도우심을 간구한다. 그러면서 성령의 인도
하심과 보호하심과 채워주심의 은혜를 체험한다. 결정적인 순간에 자신
의 생각을 하나님의 뜻에 굴복시켜서 순종의 모범을 보인다. 유혹에 강하

고 유혹에 넘어져도 곧바로 일어선다. 회개하고 믿음을 회복한다는 뜻이다. 주님의 일에 헌신하고 경건생활에 열심을 다하는 믿음의 모범이 되는 사람이다.

세상에 속한 사람(문자적으로는 '육신에 속한 자')은 자신의 지혜를 따라 예수 믿는 사람을 말한다. 예수를 믿지만 여전히 인간의 본성을 따라 살고, 본능적 욕구의 지배를 받는다. 인간의 지혜를 따라 성경을 이해한다. 성령에 대해 무지하고 결정적인 순간에 하나님보다 자신의 뜻을 따른다. 유혹에 약한 것이다.

육신에 속한 사람은 분명히 예수를 믿지만 자기 생각대로 믿고 자신을 위해 믿는다. 그래서 헌신과 희생의 모습을 볼 수 없다. 나약하고 이기적인 모습이다. 작은 일에 넘어지고 회복되고 하면서, 늘 위태위태한 모습을 보인다. 최소한의 신앙생활을 하면서 경건훈련에 게으르다. 그래서 모범이 될 수 없다.

불의한 사람은 하나님을 팔아 자신의 배를 불리는 사람이다. 하나님을 이용하는 악한 믿음이다. 마귀가 기뻐하는 사람으로 반드시 피해야 할 믿음이다. 예수께서 심판의 날에 저주하시는 사람들이 있다. 하나님을 이용해 자신의 배를 불린 사람들이다. 예수를 믿지만 악한 자들, 즉 불의한 사람들이다.

세상에 속한 사람과 불의한 자들은 세상의 빛과 소금의 역할을 하지 못한다. 그들은 하나님의 사랑과 정의를 실천하지 못한다. 결정적인 순간에 하나님을 외면하고 오히려 하나님을 팔아 자신의 이익을 취한다. 그런 성도들이 많은 경우 교회는 더 이상 사회의 모범이 될 수 없다.

"나에게 '주님, 주님'이라고 말하는 사람 모두가 하늘나라에 들어가는 것은 아니다. 하늘에 계신 내 아버지의 뜻대로 행하는 사람만이 하늘나라에 들어갈 것이다. 그 날에 많은 사람이 나에게 이렇게 말할 것이다. '주님, 주님, 우리가 주님의 이름으로 예언하고, 주님의 이름으로 귀신을 내쫓고, 주님의 이름으로 많은 기적을 베풀지 않았습니까?' 그 때, 내가 분명하게 그들에게 말할 것이다. '나는 너희를 모른다. 악한 일을 행하는 자들아, 내게서 썩 물러나라.'"(마태복음 7:21-23)

[문18] 신앙인은 때때로 광인처럼 되는데, 공산당원이 공산주의에 미치는 것과 어떻게 다른가?

[답18] 같다고 봐야 한다. 종교나 신앙이나 사상이나 이념이나, 모든 광신(狂信)은 옳지 않다.

광신적으로 예수를 믿는 것은 절대 참된 믿음이 아니다. 그것은 우상을 믿는 것과 같다. 우상의 본질은 실제로 존재하지 않는 것을 인간이 만들어 믿는 것이다. 실재(實在)하시는 참 하나님을 섬기지 않고, 자기 마음대로 만든 하나님을 섬긴다면 그것은 실은 우상을 섬기는 것이다. 성경을 제멋대로 해석하면서 하나님의 말씀을 왜곡하는 사람들이 있다. 자기가 원하는 하나님의 모습을 만들어 자기가 믿고 싶은 대로 믿는 사람들이 있다. 이성과 신앙의 균형을 이루지 못한 사람들이 그렇게 한다.

신앙에는 이성으로 받아들이기 힘든 내용들이 있다. 앞에서 설명한 것처럼 사람의 지혜로 볼 때 하나님의 지혜는 어리석게 보인다. 삼위일체 하나님, 죄 사함, 거듭남, 부활, 영생 같은 교리를 이성적으로 설명할 수는 없다.

사람의 이성으로 보면 십자가의 도는 분명히 어리석고 미련하게 보인다. 한편 근대 합리주의는 이성을 신앙으로부터 분리시키면서 많은 사람들을 회의와 허무에 빠트렸다. 교회와 성경의 권위를 추락시켰다. 교회가 이성을 부정적으로 보는 이유가 있다.

그러나 이성도 하나님께서 주신 것이다. 이성은 하나님을 인식하는데 꼭 필요하며 오히려 계시를 이해하는 도구가 된다. 개나 소가 하나님을 인식할 수는 없다. 이성을 버린 신앙은 무지와 아전인수에 빠진다. 그렇게 된 신앙은 맹신의 수준에 빠지면서 오히려 우상을 만들어낸다. 맹신을 넘어 광신에 빠지는 것이다.

이성만으로 하나님을 만날 수는 없다. 그리고 이성으로 진리 전부를 설명할 수 없다. 하나님은 인간의 이성을 초월하여 존재하신다. 그러나 신앙만으로도 하나님을 만날 수 없다. 이성을 무시하고 멋대로 믿으면서 진리를 알 수는 없다. 그런 신앙은 맹신과 광신으로 치닫기 때문이다. 날기 위해서 양 날개가 필요하듯이, 바른 신앙을 위해서 신앙과 이성의 조화가 필요하다.

필요한 것은 이성을 불신하고 억누르는 자세가 아니다. 이성의 뚜렷한 한계를 인정하고 이성을 절대시 하지 않는 자세다. 이성으로 검증된 내용만 믿겠다는 자세를 버려야지 이성 자체를 신앙의 적으로 여겨서는 안 된다. 진리는 이성의 희생을 요구하지 않는다. 오히려 이성은 바른 신앙을 가지는데 필요하다. 이 둘은 서로 대립하는 것이 아니라 상호보완 하는 것이다. 하나님께서 인간에게만 이성이라는 높은 정신적 힘을 주셨다는 것은 많은 사실을 함축하고 있다. 신을 인식하는 능력 자체가 이성에서 나오는 것이다.

이성의 힘을 맹신하는 것도 문제지만, 이성을 버려야만 신을 만날 수 있다고 믿는 것도 큰 문제다. 이성과 신앙은 함께 있을 때 더욱 빛이 나는 것이다. 이성을 두려워하거나 이성을 사용하는 일에 주저할 필요가 없다. 모르는 것은 묻고 알려고 해야 한다. 알지 못하는 대상을 사랑할 수는 없다. 다만 그 이성을 과신하지 말고 그 한계를 알아야 한다. 그리고 신앙의 신비를 인정함으로써 균형을 이루는 일이 필요하다.

"성도 여러분, 생각하는 데 있어서는 어린아이가 되지 마십시오. 악에 대해서는 갓난아이가 되어야 하겠지만, 생각하는 데 있어서는 어른이 되어야 합니다."
(고린도전서 14:20)

"이렇게 할 때에, 우리 모두는 하나님의 아들을 믿고 아는 일에 하나가 되어, 그리스도를 닮은 온전한 사람으로서 성숙한 그리스도인이 될 것입니다."
(에베소서 4:13)

"바울이 그의 편지 가운데 이 모든 것을 써 놓았습니다. 그의 편지 가운데 이해하기 힘든 부분이 조금 있어, 몇몇 사람들이 그것을 잘못 설명하기도 하였습니다. 무식하고 믿음이 약한 사람들은 다른 성경도 잘못 해석합니다. 그러나 이것은 그들에게 스스로 멸망을 불러들일 뿐입니다."(베드로후서 3:16)

[문19] 천주교와 공산주의는 상극이라고 하는데, 천주교도가 많은 나라들이 왜 공산국이 되었나? 예: 폴란드 등 동구 제국, 니카라과 등.

[답19] 기독교는 근본적으로 정치와 무관하다. 기독교는 정치 세력이 아니다

질문의 의도가 천주교와 공산주의는 상극인데 천주교도가 많은 나라들이 공산주의를 '원해서' 공산국이 되었다는 것인지, 공산주의를 '이기지 못해서' 공산국이 되었다는 것인지 확실치 않다. 그렇지만 어느 쪽이든 그 답은 같다. 기독교는 근본적으로 정치와 무관하다는 것이다.

기독교는 정치 세력이 아니다. 그래서 천주교도 국민들이 원해서 공산국이 된 것이 아니다. 그리고 천주교도 국민들이 정치권력이나 무력으로 공산주의의 야심을 이길 수는 없었다. 천주교도가 많은 나라들이 공산국이 된 이유는 20세기 국제정치와 여러 가지 정치 이념의 투쟁의 결과일 뿐이다. 제국주의, 사회주의, 수정자본주의, 전체주의 등의 세력 다툼과 그로 인한 1차, 2차 세계대전의 결과로 인한 것이다. 교회와 상관없이 그런 일들이 결정되었다.

공산주의(사회주의)는 기독교와 관계가 좋지 않다. 사회주의 이념이 근본적으로 무신론이기 때문이다. 노동자에 의한 사회주의 혁명을 주창한 마르크스는 '종교는 아편'이라는 말을 했다. 러시아에서 사회주의 혁명을 실천한 레닌이 이 말을 인용하면서 유명해졌다. 공산주의는 특히 기독교를 싫어하고 반대하며 탄압까지 한다. 러시아와 중국이 그렇고 북한은 말할 것도 없다. 아주 가혹하게 탄압한다.

그렇지만 하나님이 무능해서 그런 결과가 일어난 것은 아니다. 공산국가의 힘이 하나님의 힘을 능가하기 때문에 북한에서 기독교인이 탄압을 받는 것이 아니다. 앞에서 밝힌 것처럼 하나님의 정의는 이 세상 마지막 날에 이루어진다. 공산국이 기독교를 이기고 있는 것처럼 보여도 그것은 한시적일 뿐이다.

중세 때 교회는 정치와 깊은 관계를 맺고 있었다. 한 때 교황의 정치적 권력이 황제나 왕의 권력을 능가한 적도 있었다. 그러나 역사의 흐름에서 생겨난 비정상적 결과일 뿐 성경의 진리는 아니다. 교회가 정치와 무관한 공동체라는 것을 신약에서 잘 알 수 있다.

유대인들이 예수를 시험하고자 로마에 대한 세금 문제를 언급했다. 그때 예수는 로마 황제에게 낼 세금은 로마 황제에게 바치고 하나님께 드릴 예물은 하나님께 바치라는 말씀하신다. 로마 총독 빌라도가 예수를 정치적 이유로 심문했을 때, 예수는 빌라도에게 자신의 나라는 이 세상에 속한 나라가 아니라고 말씀하신다. 성경은 믿는 자들이 싸울 대상은 이 세상 나라가 아니라 하늘의 악한 영이라고 선포한다.

기독교는 정치와 직적접인 관계가 없다. 거룩한 공동체로서 사회 문제에 관여할 수 있을 뿐이다. 악한 정치로 인해 사회에 불의가 만연할 때 정의를 부르짖을 수 있다. 악한 정치로 인해 사람들이 고통당할 때 그들을 도울 수 있다. 그렇지만 그런 경우에도 정치세력으로서 행동하는 것은 옳지 않다. 이 세상에 사는 하늘 백성답게 행동해야 한다.

"그러자 예수님께서 그들에게 말씀하셨습니다. '가이사의 것은 가이사에게 주어라. 그리고 하나님의 것은 하나님께 바쳐라.'"(마태복음 22:21)

"내 나라는 이 세상에 속하지 않았다. 만일 내 나라가 이 세상에 속한 나라였다면, 내 종들이 싸워서 내가 유대인들에게 잡히지 않게 했을 것이다. 이제 내 나라는 이 땅에 속한 것이 아니다."(요한복음 18:36)

"우리의 싸움은 이 땅의 사람들에 대항하여 싸우는 것이 아니라 이 세

상의 어두운 세력들과 공중의 권세 잡은 악한 영들에 대항하여 싸우는 것입니다."(에베소서 6:12)

[문20] 우리나라는 두 집 건너 교회가 있고, 신자도 많은데 사회범죄와 시련이 왜 그리 많은가?

[답20] 참된 기독교인(성령에 속한 사람)이 적기 때문이다.

[답17]에서 언급한 것처럼 예수 믿는 사람을 성령에 속한 사람, 세상에 속한 사람, 불의한 사람으로 구별할 수 있다. 이 중에서 성령에 속한 사람만이 참된 기독교인이고 진정 거룩한 사람이다. 세상의 빛과 소금이 되는 사람이다. 그런 사람이 많아야 사회정의가 실천되고 범죄가 줄어들며 살만한 세상이 된다. 그런데 그런 사람이 적은 것이다. 이것은 교회가 심각히 반성할 문제이며 반드시 회개해야 할 사항이다.

교회에 성령에 속한 사람이 적은 이유는 복음의 능력이 부족하기 때문이 아니다. 하나님 말씀의 권세가 약하기 때문이 아니다. 하나님의 진리에 문제가 있기 때문이 아니다. 성도들의 순종이 부족하기 때문이다. 하나님 말씀대로 살지 않기 때문이다. 머리로 믿고 입술로 고백하는 만큼 살지 않기 때문이다. 입으로만 거룩하고 삶이 거룩하지 않기 때문이다. 성경에 이에 대한 경고의 말씀이 많이 있다.

"이 백성이 그 입으로는 나를 존경한다고 말하지만, 그 마음은 내게서 멀리 떨어져 있다. 그들이 나를 경배한다고 하지만, 그것은 사람들이 해 오던 대로 형식적으로 하는 것일 뿐이다."(이사야 29:13)

"믿음도 마찬가지입니다. 행동이 따르지 않는 믿음은 죽은 믿음입니다."
(야고보서 2:17)

"영혼이 없는 몸이 죽은 것같이, 믿음도 행함이 없으면 죽은 것입니다."
(야고보서 2:26)

"하지만 누군가가 '나는 하나님을 알아요!'라고 말하면서 그분이 명령하신 것에 순종하지 않는다면, 그 사람은 거짓말쟁이입니다. 그에게는 진리가 없습니다."(요한일서 2:4)

"누구든지 자기 안에 하나님께서 계신다고 말하는 사람은 예수님께서 사신 것처럼 살아야만 합니다."(요한일서 2:6)

[문21] 로마 교회의 결정에 잘못이 없다는데, 그도 사람인데 어떻게 그런 독선이 가능한가?

[답21] 그렇다. 교회를 위해 그런 교리를 유지하고 있지만 교황은 오류가 없다는 주장은 독선적이라 할 수 있다. 완전히 선하고 절대적으로 지혜로운 인간은 없으며 그런 공동체도 없기 때문이다. 교황과 가톨릭교회도 마찬가지다.

천주교(가톨릭교회)는 교황무류성(教皇無謬性, papal infallibility)을 교리로 주장한다. 교황의 결정은 성령의 특별한 은혜로 보증되기 때문에 결단

코 오류가 있을 수 없다는 교리다. 아무 것이나 함부로 그렇게 결정하는 것은 아니고 여러 가지 조건을 만족시켜야 하며 공식적인 절차를 밟아야 한다. 그리고 세계 모든 가톨릭교회를 대상으로 해야 한다. 교황무류성은 가톨릭교회와 교황의 권위를 지키고 또 세계 모든 가톨릭교회의 일치와 연합을 위한 교리라고 볼 수 있다. 필요에 의해서 그런 교리를 유지하는 것이다.

가톨릭교회는 당연히 교황무류성의 근거를 성경에서 찾는다. 그러나 성경 전체의 교훈을 살펴볼 때 교황무류성은 성경적이지 않다. 교회사 전체를 살펴볼 때도 그렇다. 사람의 결정은 완벽하지 않으며 역사적 교회의 실제적 모습도 그렇다. 많은 오류와 실수가 있었던 것이다. 개신교에는 교황무류성 같은 교리가 없다.

역사적으로 유명한 사건을 통해 교황무류성을 살펴본다. 갈릴레오 갈릴레이(156-1642)에 대한 재판이다. 갈릴레이는 1610년에 '시데레우스 눈치우스'(Sidereus Nuncius)라는 소책자를 통해 지동설을 발표했다. 그러나 곧 가톨릭교회로부터 고발당해서 1633년에 종신징역형을 선고 받았다. 갈릴레이도 자신의 죄를 인정했다. 과학적 신념에 반해 종교적 현실을 인정한 것이다. 갈릴레이는 비교적 자유로운 생활을 하기는 했지만 자택에 연금된 상태에서 1642년에 사망했다.

갈릴레이조차 마지못해 지동설을 철회하는 것 같은 모습을 보였지만, 가톨릭교회도 엄연한 과학적 사실을 계속 부인할 수는 없었다. 그래서 1822년부터는 지구가 움직인다는 말을 해도 처벌받지 않았다. 1835년에는 금서목록에서 코페르니쿠스와 케플러와 갈릴레이의 책이 빠지게 되었다. 1893년에는 과학과 종교와의 관계를 다시 정립했다. 그리고 1992년 10월 31일,

갈릴레오가 죽은 지 350년이 지난 후 교황 바오로 2세는 갈릴레이의 재판에 대해 가톨릭교회가 범한 잘못을 공식적으로 시인했다. 가톨릭교회와 교황도 오류가 있을 수 있음을 약 350년 만에 인정한 것이다.

가톨릭교회 안에서도 교회무류성에 대한 반대가 있다. 스위스의 한스 큉(Hans Küng) 신부가 대표적인 인물이다. 한스 큉 신부는 피임 금지, 성직자 결혼 금지, 여자 사제 서품 금지, 유산, 동성애, 안락사 문제 등에 대한 가톨릭교회의 비타협적 입장을 비판한다. 다양하고 복잡한 상황을 다 다룰 수 없다는 것이다. 그러면서 교황무류성의 후광을 입은 그런 태도로 인해, 세계적으로 사회와 정치를 양극단으로 분열시키는 단체는 가톨릭교회 이외에는 없을 것이라고 비판한다.(『가톨릭의 역사』, 한스 큉, 배국원, 을유문화사, 2013, 15쪽) 교황청은 한스 큉 신부의 설교권을 박탈했다.

> "성경에 이렇게 기록되어 있습니다. '의인은 한 사람도 없다. 깨닫는 사람도 없고, 하나님을 찾는 사람도 없다. 모두가 곁길로 나가 하나같이 쓸모없게 되었다. 선한 일을 행하는 사람은 단 한 사람도 없다.'"(로마서 3:10-12)
>
> "죄를 짓지 않는 사람은 없습니다. 주님의 백성도 주께 죄를 지을 것입니다."
>
> (열왕기상 8:46)
>
> "제아무리 의롭다 해도, 죄짓지 않는 사람은 세상에 없다."(전도서 7:20)

※ 교회의 분열: 1054년 7월 16일에 로마의 서방교회와 콘스탄티노플의 동방교회가 분열하는 사건이 일어났다. 로마 교황의 사절단(대표: 훔버트 Humbert)이 동방교회 소피아 성당을 방문해서 동방교회를 정죄하는 교서를 던지고 나갔

다. 그것도 성만찬 중에 그랬다. 그리고 성당 문 밖에서 하나님이 동방교회를 심판하실 거라고 고함을 질렀다. 결혼으로 치면 이혼증서를 던지고 이혼을 선언한 것이다. 교회사는 이 1054년을 동방교회와 서방교회가 분리된 해라고 규정한다. 가톨릭교회의 독선으로 인해 천년 동안 하나였던 교회가 갈라진 것이다.

이로부터 463년이 지난 1517년 10월 31일 마르틴 루터가 비텐베르크 대학 예배당 정문에 면죄부 문제를 지적하는 95개 조항을 붙였다. 이때 루터는 단지 '의인은 오직 믿음으로 살리라'(로마서 1:17)는 말씀을 실천하기 원했을 뿐이다. 성경에 기초한 올바른 교회를 원했던 것이다. 그런 루터를 교황 레오 10세가 '주님의 포도원에 침입한 난폭한 돼지'라고 부르면서 핍박했다. 그러면서 종교개혁이 일어났다. 레오 10세가 교회 개혁을 거부했기 때문에 교회가 천주교와 개신교로 갈라진 것이다. 루터가 교회 분열을 원한 게 아니다.

[문22] 신부는 어떤 사람인가? 왜 독신인가? 수녀는 어떤 사람인가? 왜 독신인가?

[답22] 성도들이 하나님을 잘 믿도록 도와주는 사람들이다. 그 일에만 전념하기 위해 독신이다.

성경은 하나님을 믿는 사람들을 가리켜 하나님의 백성이라고 한다. 그런데 이 하나님의 백성을 두 부류로 나눌 수 있다. 하나는 하나님의 자녀고 다른 하나는 하나님의 종이다. 하나님은 하나님의 자녀를 위해 하나님의 종을 세우셨다. 종은 하나님의 자녀를 잘 섬겨서, 자녀들이 하나님을 잘 믿도록 하라는 것이다. 이 종에 해당되는 것이 구약의 제사장, 예언자, 레위 지파 사람들이다. 신약에서는 예수님의 12제자, 장로, 집사들이다. 천주교로 치면 신부와 수녀들이고 개신교로 치면 목사와 전도사들이다.

종은 글자 그대로 종이다. 주인을 섬기고 주인의 자녀를 섬기는 존재다. 종은 주인의 명령에 복종하면서 자녀들을 열심히 섬겨야 한다. 그렇지만 아무 권리가 없다. 종이기 때문이다. 그래서 누가복음 17:10에 '이와 같이 너희도 명령받은 것을 다 행하고 나서 "우리는 가치 없는 종입니다. 우리는 그저 해야 할 일을 했을 뿐입니다"라고 말해야 할 것이다'는 말씀이 있다. 하나님의 종에 해당되는 사람들은 이 말씀을 글자 그대로 실천해야 한다.

"모세가 여호와께 여쭈었습니다. '왜 저에게 이런 어려움을 주십니까? 저는 여호와의 종입니다. 제가 무슨 잘못을 했습니까? 왜 저에게 이 모든 백성을 맡기셨습니까?'"(민수기 11:11)

신약에 독신을 권면하는 말씀이 있다. 사도 바울은 고린도전서 7장에서 결혼에 대한 이야기를 하면서, 가능한 한 자신처럼 독신으로 지내라고 한다. 남자든 여자든 결혼을 하면 배우자와 가정을 위해 살아야 한다. 그러므로 하나님의 일에만 전념하기 어렵다는 것이다. 바울의 이 말은 하나님의 백성 전부에게 해당되는 내용이다. 꼭 하나님의 종에게만 해당되는 말은 아니다.

바울이 이렇게 말한 이유는 예수의 긴박한 재림을 믿었기 때문이다. 세상 종말이 아주 가까웠기 때문에 결혼과 가정보다는 하나님의 일에만 전념하자고 말한 것이다. 이것이 초대교회의 일반적인 신앙이었다. 그러나 예수 그리스도의 재림은 바울이 생각했던 것처럼 일찍 일어나지 않았다. 그러므로 바울의 교훈이 일반화될 수는 없다. 만약 그랬다면 기독교인은 1-2세기에 멸절했을 것이다.

하나님의 종이 결혼을 하느냐 독신이냐 하는 것은 중요한 것이 아니다. 중요한 것은 그들이 얼마나 거룩하며 얼마나 충성스러운 종인가 하는 것이다. 얼마나 겸손하며 얼마나 헌신하는 종인가 하는 것이다. 구약시대 제사장, 예언자, 레위 지파 사람들은 결혼했다. 신약시대 예수님의 제자들, 장로, 집사들도 결혼했다. 그렇지만 결혼하지 않은 예언자(예레미야)도 있었고 결혼하지 않은 사도(바울)도 있었다. 종파나 교단에 따라 결혼하기도 하고 하지 않기도 하는 것이다. 이 문제에 관해 서로 입장이 다를 경우 상대방을 비난하기보다는 서로의 장점을 인정하면서 격려하는 태도가 필요하다.

"나는 여러분이 마음 쓰는 것 없이 살기를 바랍니다. 결혼하지 않은 남자는 어떻게 하면 주님을 기쁘시게 할까 하고 주님의 일에 마음을 씁니다. 그러나 결혼한 남자는 어떻게 하면 아내를 기쁘게 해 줄까 하며 세상일에 마음을 쓰게 됩니다."(고린도전서 7:32-33)

"감독은 사람들의 손가락질을 받아서는 안 됩니다. 따라서 한 아내의 남편이 되며, 절제할 줄 알고, 지혜로우며, 사람들로부터 존경을 받고, 남을 잘 대접하며, 잘 가르쳐야 합니다. 또한 자녀들이 아버지를 존경하고 신뢰할 수 있도록 자기 가정을 잘 다스려야 합니다."(디모데전서 3:2, 4)

"집사는 한 아내의 남편이 되어 자녀들과 자기 가정을 잘 다스려야 합니다." (디모데전서 3:12)

[문23] 천주교의 어떤 단체는 기업주를 착취자로, 근로자를 착취당하는 자로 단정, 기업의 분열과 파괴를 조장하는데, 자본주의 체제와 미덕을 부인하는 것인가?

[답23] 그럴 것이다. 교회 안에 사회주의 체제를 선호하는 사람들이 있다.

자본주의는 개인의 사유재산과 기업의 이윤추구를 인정한다. 자본주의는 상품을 생산하는 자본가, 또는 기업가가 중요한 위치를 가지는 체제이다. 사회주의는 자본가를 없애고 모두가 평등하게 사는 체제이다. 수정자본주의는 자본가에게 세금을 더 내게 해 노동자를 위한 복지 정책을 펴는 체제이다. 원래 노동자의 복지는 사회주의에서 다뤘던 주제이다. 그런데 자본주의에서 이 같은 사회주의 정책을 혼합했으니 수정자본주의는 혼합경제라고도 불린다.(『한권 서양사』, 이만적, 중앙 books, 2018, 378쪽)

천주교든 개신교든 교회 안에 자본주의 체제를 거부하고 사회주의 체제를 선호하는 사람들이 있다. 악덕 기업가들의 노동 착취를 경험했기 때문일 것이다. 그렇다고 모든 기업가들이 다 악덕 기업가는 아니다. 기업에서 일하는 대부분 노동자들은 선한 약자들일 것이다. 그렇다고 모든 노동자들이 다 선한 노동자는 아니다.

성경에 부자와 가난한 사람들, 주인과 종에 대한 말씀들이 있다. 그런 말씀의 요점은 어느 한쪽에 치우치지 말고 중심을 잡고 균형을 유지하라는 것이다. 부자이기 때문에 의롭고 가난하기 때문에 악하다는 말씀은 없다. 그 반대도 없다. 재판할 때 일방적으로 부자 편을 들라는 말씀도 없고 일방적으로 가난한 사람을 편들라는 말씀도 없다. 각자의 형편에 맞게 정의롭고 거룩하게 살라는 말씀만 있다. 진심으로 서로를 위하며 서로 주님을 섬기듯 하라고 한다.(에베소서 6:5-9)

"재판을 할 때, 무조건 가난한 사람을 편들지 마라."(출애굽기 23:3)

"너희는 가난한 사람이라고 해서 그에게 불리한 재판을 하지 마라." (출애굽기 23:6)

"재판을 할 때는 사람의 얼굴을 보지 말고 신분이 높은 사람과 낮은 사람의 말을 똑같이 들어 주시오. 재판은 하나님께 속한 일이니 사람을 두려워하지 마시오."(신명기 1:17)

"종들은 두렵고 존경하는 마음으로 주인에게 복종하십시오. 그리스도께 복종하듯이 참마음으로 순종하기 바랍니다."(에베소서 6:5)

"주인들도 똑같이 종들에게 잘해 주고, 윽박지르지 마십시오. 여러분의 주인이기도 하지만 동일하게 그들의 주인도 되시는 분이 하늘에 계십니다. 우리 주님은 모든 사람을 차별하지 않으시고 똑같이 대해 주는 분이십니다."(에베소서 6:9)

[문24] 지구의 종말은 언제 오는가?

[답24] 아무도 모른다. 천사들도 모른다. 심지어 예수님도 모르신다.

성경은 종말에 관해 두 가지를 강조한다. 하나는 종말이 반드시 온다는 것이고, 다른 하나는 아무도 그 때를 모른다는 것이다. 마지막 때는 사람은 물론이고 천사도 모르고 예수님도 모르신다. 오직 하나님만 아신다. 그러므로 사람이 종말의 때를 안다고 하는 것은 무조건 사기다. 역사적으로 그런

신의 지혜 신의 존재

일들이 여러 번 있었다. 한국에서도 그런 일이 있었다.(1992년 다미선교회 사건)

성경이 말하는 종말의 의미는 약 2천 년 전 예수님이 태어나신 때부터 앞으로 예수님이 다시 오실 때까지를 말한다.(예수 그리스도의 초림에서 재림까지) 그리고 이 종말은 마지막 때와 마지막 날로 이루어진다. 마지막 때는 예수님이 오신 때부터 다시 오시기 직전까지를 말하며, 마지막 날은 그리스도 재림의 날을 말한다. 지금 우리는 마지막 때를 살면서 마지막 날을 기다리고 있는 것이다. 이 마지막 날, 즉 그리스도 재림의 날에 세상의 종말, 역사의 종말, 최후의 심판이 일어난다. 보통 이 마지막 날을 '지구의 종말'로 이해하고 있다.

세상의 종말이 오기 전에 복음이 온 세상에 전파될 것이며(마태복음 24:14), 무서운 환난이 있을 것이다.(마태복음 24:15-28) 그 후에 재림의 징조가 있다.(마태복음 24:30) 그렇지만 예수님은 사람이 전혀 생각지도 않은 때에 오신다.(마태복음 24:44)

성경은 세상의 창조로부터 시작해서 세상의 종말로 끝난다. 창세기로 시작해서 요한계시록으로 마무리된다. 하나님께서 이 모든 일들을 주관하신다. 세상을 시작하신 분이 세상을 마무리하시는 것이다. 성경은 이를 '나는 알파와 오메가라'는 말씀으로 정리한다.(요한계시록 22:13) 알파와 오메가는 그리스어 알파벳 첫 글자와 마지막 글자로 영어의 A와 Z에 해당된다.

'알파와 오메가'는 하나님의 영원하심, 유일하심, 전능하심에 대한 상징이다. 하나님은 처음부터 마지막까지 영원히 존재하는 분이시다. 처음부터 마지막까지 유일하게 존재하는 분이시다. 처음부터 마지막까지 모든 역사를 권능으로 주관하는 분이시다. 이런 하나님이 사람에게 구원을 약속하신다. 사람의 죄를 사하시고 영원한 생명을 주시겠다는 것이다. 하나님의 이 약속을 믿고 사는 사람이 진정 지혜로운 사람이다.

"그 때에 인자가 올 징조가 하늘에 있을 것이다. 그 때에 세상의 모든 민족들이 울며, 인자가 큰 권능과 영광으로 하늘 구름을 타고 오는 것을 볼 것이다. 인자가 큰 나팔 소리와 함께 천사들을 보낼 것이다. 그들은 하늘 이 끝에서 저 끝까지 사방에서 택함 받은 백성들을 모을 것이다."(마태복음 24:30-31)

"그 날과 그 때는 아무도 모른다. 심지어 하늘의 천사와 아들까지도 모르고, 오직 아버지께서만 아신다."(마태복음 24:36)

"나는 알파와 오메가이며, 처음과 마지막이요, 시작과 끝이다."(요한계시록 22:13)

"이 모든 것을 증언하신 분, 예수님께서 말씀하십니다. '그렇다, 내가 속히 가겠다.' 아멘. 주 예수여, 어서 오소서!"(요한계시록 22:20)

신의 지혜 신의 존재

초판 1쇄 발행	2022년 7월 30일
지은이	정순혁
펴낸이	장성환
펴낸곳	후밀리타스
주소	서울 서대문구 연대동문길 49 지층
전화	02-302-2850
이메일	siotstory@naver.com
편집 · 디자인	유니꼬디자인
ISBN	979-11-976837-5-6(03230)

가격은 뒤표지에 있습니다.